协 同
促进区域经济增长的新路径

国务院发展研究中心发展战略和区域经济研究部

中国发展出版社
CHINA DEVELOPMENT PRESS

图书在版编目（CIP）数据

协同：促进区域经济增长的新路径/国务院发展研究中心发展战略和区域经济研究部著．—北京：中国发展出版社，2017.10
（国务院发展研究中心研究丛书．2017／李伟主编）
ISBN 978－7－5177－0793－6

Ⅰ.①协…　Ⅱ.①国…　Ⅲ.①区域经济—经济增长—研究—中国　Ⅳ.①F127

中国版本图书馆 CIP 数据核字（2017）第 261946 号

书　　名：协同：促进区域经济增长的新路径
著作责任者：国务院发展研究中心发展战略和区域经济研究部
出 版 发 行：中国发展出版社
（北京市西城区百万庄大街 16 号 8 层　100037）
标 准 书 号：ISBN 978－7－5177－0793－6
经　销　者：各地新华书店
印　刷　者：北京市密东印刷有限公司
开　　本：710mm×1000mm　1/16
印　　张：12.5
字　　数：150 千字
版　　次：2017 年 12 月第 1 版
印　　次：2017 年 12 月第 1 次印刷
定　　价：43.00 元

联 系 电 话：（010）88919581　68990692
购 书 热 线：（010）68990682　68990686
网 络 订 购：http：//zgfzcbs.tmall.com
网 购 电 话：（010）68990639　88333349
本 社 网 址：http：//www.develpress.com.cn
电 子 邮 件：370118561@qq.com

“协同：促进区域经济增长的新路径”
课题组

课题顾问

张军扩　侯云春　李泊溪　李善同

课题负责人

侯永志　张永生　刘培林

课题协调人

孙志燕

总报告：孙志燕
专题一：刘　勇　宋逸群（北京师范大学博士）
专题二：刘云中
专题三：宣晓伟
专题四：何建武
专题五：卓　贤
专题六：施戍杰
案例研究一：潘文轩（上海市委党校）
案例研究二：黄栋栋
案例研究三：贾　珅
其他课题组成员：张诗颖（上海理工大学硕士）
　　　　　　　　冯瀚钊（北京师范大学硕士）

总 序

全面贯彻落实党的十九大精神，开创新时代政策咨询研究工作新局面

李伟

2017年10月，举世瞩目的中国共产党第十九次全国代表大会胜利召开。这是在全面建成小康社会决胜阶段、中国特色社会主义进入新时代的关键时期召开的一次十分重要的大会。党的十九大，作出了中国特色社会主义进入新时代、我国社会主要矛盾已转化为人民日益增长的美好生活需要和不平衡不充分的发展之间的矛盾等重大政治论断，确立了习近平新时代中国特色社会主义思想为党必须长期坚持的指导思想，提出了新时代中国特色社会主义的基本方略，确定了决胜全面建成小康社会、开启全面建设社会主义现代化国家新征途的目标。

党的十八大以来的五年，以习近平同志为核心的党中央以巨大的政治勇气和强烈的责任担当，提出一系列新理念新思想新战略，出台了一系列重大方针政策，推出一系列重大举措，推进一系列重大工作，推动党和国家事业发生历史性变革。如在宏观经济政策领域，面对近些年我国经济在增速、结构、动力等方面发生的深刻变化，五年来，以习近平同志为核心的党中央准确把握全球经济发展

大势和中国经济发展变化，不断创新宏观调控方式，形成了作出经济进入新常态重大判断、以新发展理念为指导、以供给侧结构性改革为主线、以稳中求进为工作方法论的宏观经济政策框架。具体而言，这个政策框架有以下几个鲜明特点：

其一，作出了新常态这一重大判断。从速度层面看，经济增长速度从高速增长转为中高速增长，经济发展的质量和内涵发生质的变化；从结构层面看，经济结构发生全面深刻变化，不断优化升级；从动力层面看，经济发展从要素驱动、投资驱动转向创新驱动。认识、把握、引领新常态是当前和今后一个时期做好经济工作的大逻辑。

其二，确立了新发展理念这一指导思想。创新、协调、绿色、开放、共享五大发展理念为经济社会发展提供了战略指引，是关系我国发展全局的一场深刻变革，攸关"十三五"乃至更长时期我国发展思路、发展方式和发展着力点。

其三，明确了推进供给侧结构性改革这一工作主线。供给侧结构性改革的最终目的是满足需求，主攻方向是提高供给质量，根本途径是深化改革，这是解决我国发展面临的突出问题与挑战的必由之路。

其四，确定了稳中求进这一工作方法论。坚持稳中求进工作总基调，并将之上升为治国理政的重要原则和经济工作的方法论，这是对经济工作思想方法作出的重大调整。强调要保持战略定力，在实践中转变急于求成的思想观念和操之过急的工作方法，推动经济转向平稳健康持续发展的轨道。

从五年来的实践成效看，在这一政策框架指导下，我国经济在经历多年调整后，趋势性下行的空间明显收窄，正在逐步迈入中高速增长阶段。特别是自2016年下半年开始，我国经济运行出现了一些积极变化，企稳基础有所增强，国际环境的有利因素也在增多，我国经济转型有望从“降速”阶段转向“提质”阶段。2017年前三季度基本延续了这一态势，经济增速达到6.9%，总体保持平稳，结构不断优化，经济发展的稳定性、协调性和可持续性增强，稳中有进、稳中向好的态势持续发展。

党的十九大对新时代推进中国特色社会主义伟大事业作出了全面部署，对开启全面建设社会主义现代化国家新征程作出战略安排，明确提出全面建成小康社会、实现第一个百年奋斗目标，又要乘势而上开启全面建设社会主义现代化国家新征程，向第二个百年奋斗目标进军。从2020年到本世纪中叶，分两个阶段安排：第一个阶段，从2020年到2035年，在全面建成小康社会的基础上，再奋斗十五年，基本实现社会主义现代化；第二个阶段，从2035年到本世纪中叶，在基本实现现代化的基础上，再奋斗十五年，把我国建成富强民主文明和谐美丽的社会主义现代化强国。这一系列战略部署为包括国务院发展研究中心在内的各类智库发挥作用提供了前所未有的广阔空间，如：社会主要矛盾所指的发展不平衡不充分的具体表现在哪些方面？本世纪中叶建成社会主义现代化强国的具体内涵和指标有哪些？现代化经济体系科学内涵是什么？如何实施乡村振兴战略？全面建设社会主义现代化国家新征程中将面临哪些风险和挑战？等等。这些重大问题，都需要智库加强前瞻性研究，提供切实可行、管用的决策咨询建议。

党的十九大指出，深化马克思主义理论研究和建设，加快构建中国特色社会科学，加强中国特色新型智库建设。智库建设的内容首次写进党的代表大会报告，令人振奋。这既为国务院发展研究中心建设国际一流高端智库提供了重大机遇，也为我们履行政策研究、政策评估、政策解读和国际交流合作“四位一体”的职能提出了更高要求。国务院发展研究中心将全面贯彻落实党的十九大精神，贯彻习近平总书记2013年4月15日关于智库建设的重要批示和中央关于智库建设的总体部署，加快落实国务院已批复的《国务院发展研究中心国家高端智库建设试点方案》，全面实施质量提升、人才优化、国际交流合作、成果传播、支撑保障和党的建设等六大工程，建立健全党的建设、人才使用与激励、研究质量保障和成果创新、经费使用和管理、成果转化和传播、研究支撑、国际交流合作、统筹利用社会资源等八个方面的体制机制，加快建设国际一流高端智库，力争到2020年进入高质量服务中央决策的政策支持力强、社会影响力大、国内领先、国际一流高端智库前列。

国务院发展研究中心将把深入学习宣传和全面贯彻落实党的十九大精神作为当前和今后一段时期的首要政治任务。作为服务党中央、国务院的政策咨询研究机构，我们将牢牢把握为中央决策服务的根本方向，以习近平新时代中国特色社会主义思想为指导，坚持马克思主义立场观点方法，坚持以人民为中心的发展思想，紧紧围绕十九大作出的“贯彻新发展理念，建设现代化经济体系”“加快建设创新型国家”“实施乡村振兴战略”“实施区域协调发展战略”“加快完善社会主义市场经济体制”“提高保障和改善民生水平，加强和创新社会治理”“加快生态文明体制改革，建设美丽中国”等一系列重大决策部署，坚持问题导向，精心选题，主动加强新时代中国特色社会主义有关经济建设、社会建设、生态文明建设的全局性、战略性、前瞻性、长期性以及热点、难点问题研究，大兴调查研究之风，不断形成一大批具有较高政策价值和较大社会影响力的研究成果，为中央科学决策提供有力的智力支持，努力开创新时代政策咨询研究的新局面。

"国务院发展研究中心研究丛书"是我们每年主要研究成果的集中呈现，自2010年面世至今，已经连续出版八年。今年这套丛书成书共包括15部著作，其中：《迈向高质量发展：战略与对策》《构建"一带一路"设施联通大网络》《打好风险攻坚战：思路与对策》等3部著作是国务院发展研究中心的重大研究课题报告；《协同：促进区域经济增长的新路径》《构建竞争力导向的农业政策体系》等9部著作，是各研究部（所）的重点研究课题报告；另3部著作是青年研究人员的优秀招标研究课题报告。

最后，对于多年来中央和地方各级领导同志给予我们的肯定和鼓励，以及社会各界读者的认可和厚爱，我们深怀感恩，并表示由衷的谢意。同时，我们也深知不足，诚恳希望各级领导、专家、学者和广大读者继续给予关心、支持和帮助，对这套丛书以及我们的工作多加批评指正，促使我们以更加振奋的精神和昂扬的姿态为推进国家治理体系和治理能力现代化、决胜全面建成小康社会、夺取新时代中国特色社会主义伟大胜利、实现中华民族伟大复兴的中国梦而不懈奋斗。

2017年11月

（作者为国务院发展研究中心主任、研究员）

内容摘要

随着发展阶段的转变，我国各地区经济增长速度普遍下降，地区间的分化不断加剧，有些地区甚至出现了负增长，一些新的问题和矛盾随之凸显，如部分资源型城市养老、医疗等财政支出压力骤增，区域性集中失业风险、债务风险扩大等，而高增长地区也面临着另一方面的突出问题，如人口短期内快速聚集而产生的环境污染、交通拥堵、公共服务供需矛盾加大等。这些都影响到国家经济增长的稳定与可持续，需要针对不同地区的情况及时采取应对措施。除此之外，在经济下行压力加大的情况下，更需要优化资源要素在整个国土空间内的配置结构，这也是培育新经济增长动力的源泉之一。但以往主要依靠“政策洼地”和“地方竞争激励机制”来推动地区经济增长的方式显然已不能适应新的发展环境和条件，需要以更加系统性、整体性的发展思路，推动区域经济增长路径的变革。

本课题在综合研究国家区域政策调整的方向以及国内区域经济增长新特征的基础上，提出“以协同促进增长”的新路径，更有效地解决长期困扰我国区域经济发展的一些突出矛盾——地区间的产业同质化、底线竞争，复制性或重复性的无效投资，资源利用碎片化，缺乏规模效应等——加快各类地区经济增长潜力的释放，实现国家整体经济的较快增长。

区域协同增长是一个在多重约束的情况下，兼顾多重目标、较为复杂的优化过程。本报告从协同增长机制和支撑性政策两个层面提出了实现区域协同增长的对策建议。具体建议包括建立约束力更强的分工协调机制，减少区域之间复制性或模仿性增长，引导要素在不同优势地区或潜力地区适度集中，形成一定的规模效应，促进地区经济增长路径的多元化；建立具有明确导向的协同激励机制，有效控制地区之间对各种“资源”的底线竞争；建立要素跨区域统筹配置的机制，弱化区域经济增长过程中的“循环累积效应”和“虹吸效应”，促进每一类地区都能相对平等地获得发展资源；区域政策要从强调“竞争”转向鼓励“协同”，要从促进局部地区的增长转向区域一体化增长；加强地区导向型政策的科学性，注重各层级政府之间的互动，避免无实质性差异的地区导向型政策，避免部门政策在地区层面的不协调、不一致；加快完善以“人”为中心的区域政策，为地区间的协同增长创造更适宜的政策环境；构建分别以实物（资源、产品等）和知识信息为核心的双层、多维互通的大空间基础设施网络，促进不同地区之间的“智慧互联”，加强信息网络基础设施向非中心外围地区的延伸，促进地区间知识、信息、技术等要素的有效流动，为外围地区创新经济增长路径创造有利条件；建立区域投资一体化政策框架，提高投资的规模效应和组合投资的集成效应；建立有利于地区间协同增长的地方税体系，增强协同增长的内生动力。

目录

总报告

协同：促进区域经济增长的新路径

专题一

区域协同增长的现状分析

专题二

要素流动、全国统一市场与最优政策区域

专题三

区域协同增长与政策协同

专题四

区域协同增长与区际产业分工

专题五

在协同增长中推动城镇化向都市圈化发展

专题六

区域协同增长与民营经济发展

案例研究一

区域协同增长的上海案例

案例研究二

贵州协同增长的动力和路径

案例研究三

东北地区协同增长面临的问题和对策

协同：促进区域经济增长的新路径

随着经济社会发展阶段的转变以及全球化、人口老龄化、技术进步、全球生产分工体系调整等多种因素的综合影响，我国整体经济增长速度明显趋缓，各地区经济增长速度普遍下降。有些地区已陷入转型困境，出现了负增长，并衍生出一系列新的问题和矛盾，如：人口向某些高增长、高就业、高收入地区过度积聚而产生环境污染、交通拥堵、公共服务供需矛盾加大；地区之间可支配财政能力的差距进一步扩大，低增长地区的公共服务保障能力下降，发展能力得不到提升；经济增长持续下滑导致一些地区的失业风险、债务风险不断加大等。这些在经济增长转型过程中出现的问题和矛盾，直接关系到国民经济增长的稳定与可持续，需要针对不同地区不同的发展情况，采取及时有效的应对政策。除此之外，在更加开放的经济体系之中，还需要加快推动资源要素在整个国土空间内配置结构的优化，这也是培育新经济增长动力的源泉之一。建立促进区域协同增长的体制和机制，制定与其相适应的政策，是加快空间结构转型的重要手段，也是提高生产率，促进各类地区向创新驱动增长转型的重要途径。

本报告首先对新时期我国区域经济增长格局变化的总体趋势、各地在实现经济增长过程中面临的主要制约因素和新的约束条件进行了深入分析。以此为基础，重点探讨了在新的区域经济发展环境下，如何通过加强地区之间的“协同”，引导不同类型地区充分挖掘本地区特有的“资产”优势，创新经济增长路径，释放新的增长潜力；如何通过地区之间的“协同”，促进资源要素在更大空间范围的结构优化，实现配置效率的系统性改进，形成新的增长动力；如何通过区域之间的“协同”，推动地区之间更有效、更智慧的“分工合作”，相互促进、相互辐射，促进区域和国家整体经济实现更稳健、更可持续的增长。

一、我国区域经济增长的变化趋势与总体格局

进入新常态之后，我国各地区的经济增长普遍下降，地区之间的“分化”成为当前区域经济增长的突出特征。从省级层面来看，2016年，辽宁 GDP 增速为 -2.5%，是全国唯一负增长的省份，同期，重庆、贵州的 GDP 增速均超过了 10%；从地市层面来看（2015 年），在可获得数据的 285 个地级及地级以上城市中，有 12 个地市为负增长，同期有 35 个地市 GDP 增长率超过了 10%。地市之间以及省内的分化要明显高于省际的分化。因此，本报告重点以地市层面的数据为基础，从不同经济发展水平（人均 GDP）、人口规模/密度、区位特点（是否为省会城市或区域性中心城市）等维度对不同地区经济增长的变化趋势进行比较分析。这对进一步优化区域政策更具意义。

（一）发展水平与经济增长

按照人均 GDP 水平对地级及以上城市进行分组比较（如图 1 所

示），对人均 GDP 水平高于全国平均水平的地市（发展水平相对领先的地区），其中有超过半数的地区年均增长率降到了均值（各地市增长率的平均值）以下。对于人均 GDP 低于全国平均水平 50% 的地市（发展水平相对落后的地区），由于经济规模基数相对较小，在 2010 ~ 2015 年期间经济增长相对较快，超过 70% 的地区年均增长率高于平均值，这也与国家对欠发达地区支持力度不断加大密切相关。

人均 GDP 处在相对中等水平的地区，在此轮结构转型中出现了更为突出的分化。那些具有相对较高潜力的追赶型地区（发展水平介于全国平均水平的 75% ~ 100% 之间）分化尤其显著，部分地区的经济增长出现了大幅度的下降，主要是东北和中西部地区一些资源型、重化工业集中的传统工业城市。这种分化格局是一国工业化中后期区域增长格局变化的典型特征，即分化主要集中在发展水平处在中间组别的地区，一部分地区成功转型，向更高发展水平迈进，而另一部分地区因增长停滞而陷入转型困境，人均 GDP 的增长也随之减缓，可能降至更低发展水平的组别，导致地区之间发展水平的差距进一步扩大。

（二）城市规模与经济增长

从不同人口规模的地市经济增长来看，2010 ~ 2015 年期间，GDP 增长速度低于全国同期平均水平的地区主要集中于人口规模在 500 万以下的城市，而其中又有近一半的地区是人口规模在 300 万以下的城市。如果进一步对人口规模和地区经济增长做统计分析，可以发现，人口规模在 300 万以下的地市，人口规模和经济增长表现出较为显著的相关性（$R^2 = 0.5203$），当人口规模超过 800 万之后，二者的相关性变得非常弱。这表明人口规模积聚对经济增长的拉动效应是存在临界值的，即达到一定规模之后，积聚的社会成本会上升，规模效应会减弱。

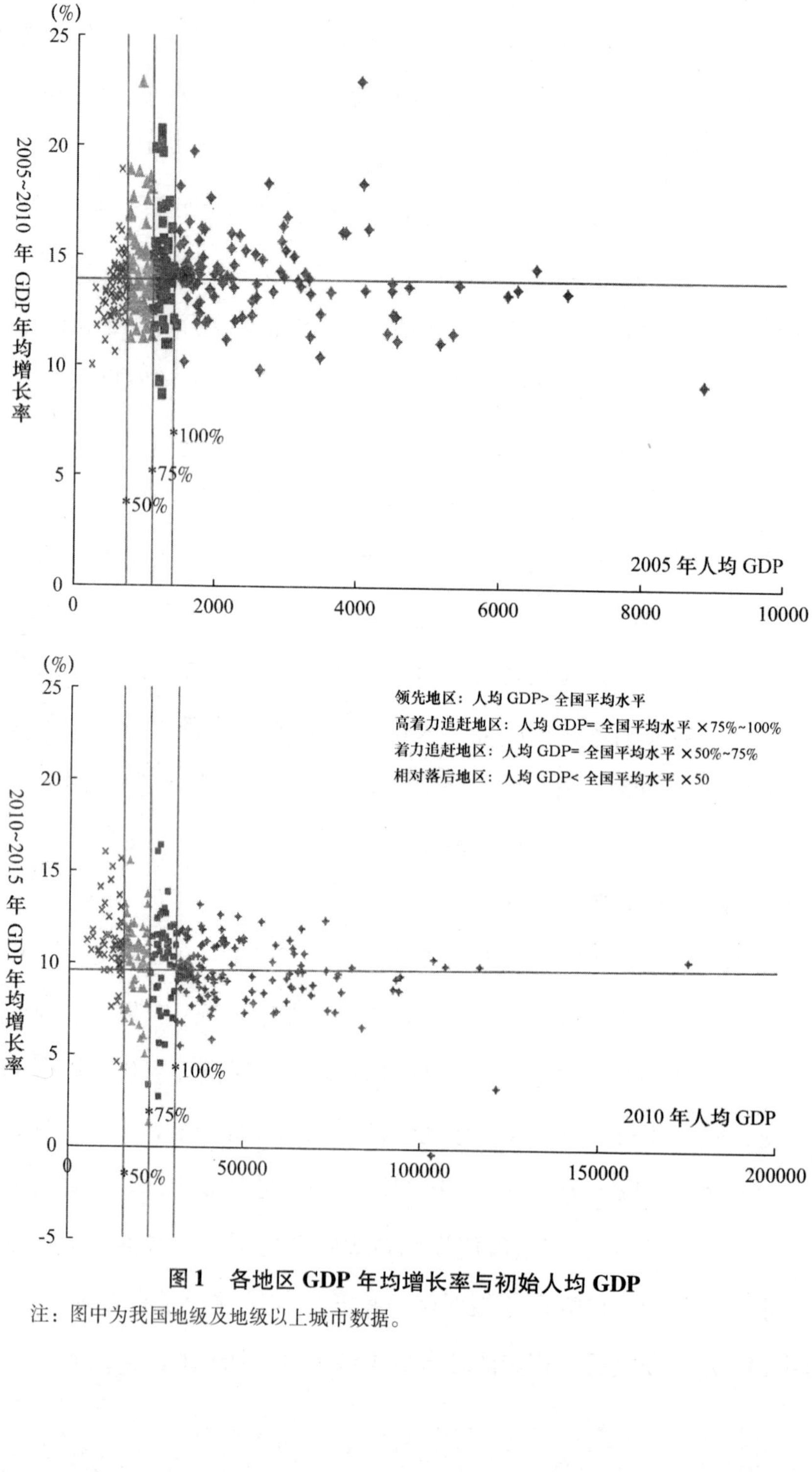

图 1 各地区 GDP 年均增长率与初始人均 GDP

注：图中为我国地级及地级以上城市数据。

再从不同规模城市之间增长的差距来看，2010～2015 年期间，人口规模较大的地市经济增长更为稳定，组内增长的差异也较小。相比之下，人口规模较小的地市经济增长的波动性较大，规模越小组内差距越大（如图 2 所示）。以组内最大最小值的绝对差距为例，我国人口小于 200 万的城市是 1000 万人口以上城市组内差距的 3.3 倍，也就

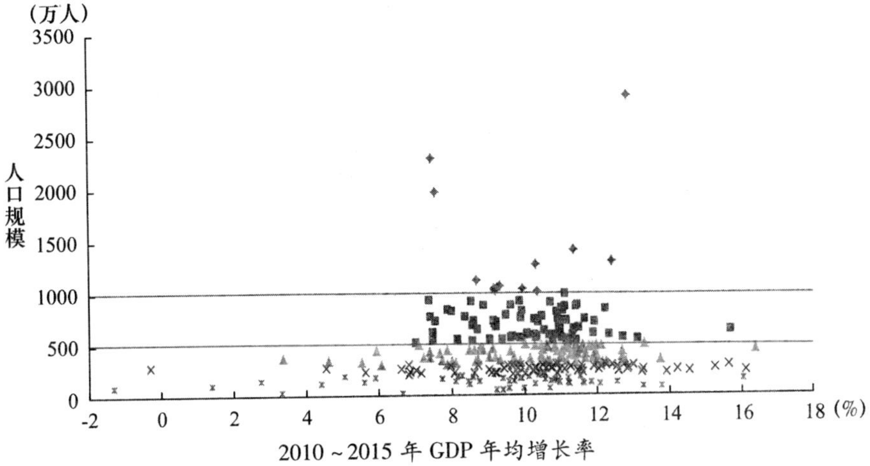

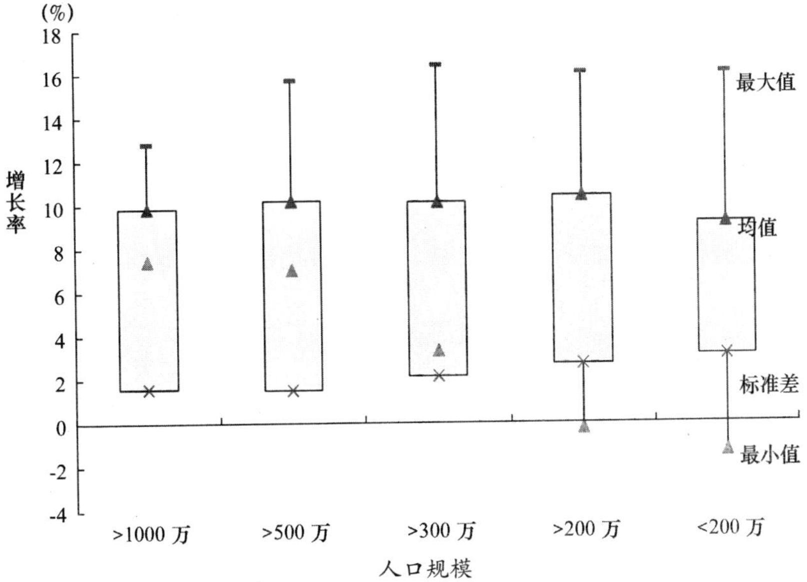

图 2　各地区 GDP 年均增长率（2010～2015 年）与人口规模（2010 年）

是说，规模越小的地区经济增长分化的趋势越显著。主要原因是人口规模较大的地区，不仅具有规模效应，同时市场需求和经济活动也会更加多元化，结构效应较为显著，而人口规模较小的地区，规模效应不显著，产业结构又相对单一，转型过程中经济增长的不确定性更大，可能因某个项目经济就快速增长，也可能会因某个项目投资的不成功而对本地区经济造成重要的影响。

（三）区位特征与地区经济增长

从地区经济增长的空间特征来看，主要体现在以下三个方面：

一是高增长区域在空间上出现了较为明显的转移现象——由北向中部和西南部地区转移。2005～2010 年期间，我国经济高增长区域主要集中在资源型地区（如内蒙古的呼、包、鄂等资源型地区）和重要区域战略实施的地区（如内蒙古东北部地区和黑龙江沿边开发开放实验区、辽宁沿海经济带、长吉图开发开放先导区等），这些地区的经济增长明显领先于其他地区。至 2010～2015 年期间，受多种因素的影响，上述地区经济增长显著下降，而高增长区域明显向南部转移，主要集中在西南部地区的贵州、重庆以及中部地区的合肥、长沙等。

二是出现了连片的经济增长衰退区。对比图 3 和图 4，2005 年经济增长低于全国平均水平的地区相对分散，既有位于东部沿海，较早进入转型的地区，也有中西部一些欠发达地区。至 2015 年，低增长区明显集中在我国东北地区至河北、山西，向西绵延到甘肃部分地市，负增长地区也主要集中在该区域。

三是经济增长向行政中心城市极化的趋势有所增强。从 2015 年全国经济增长的空间格局来看，高增长区在空间上分布相对分散，向直

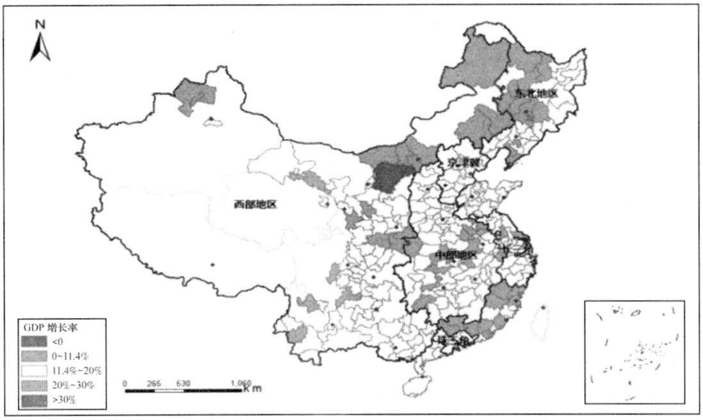

图 3　2005 年地级及以上城市 GDP 年均增长率

注：空白处为数据缺失的地市。

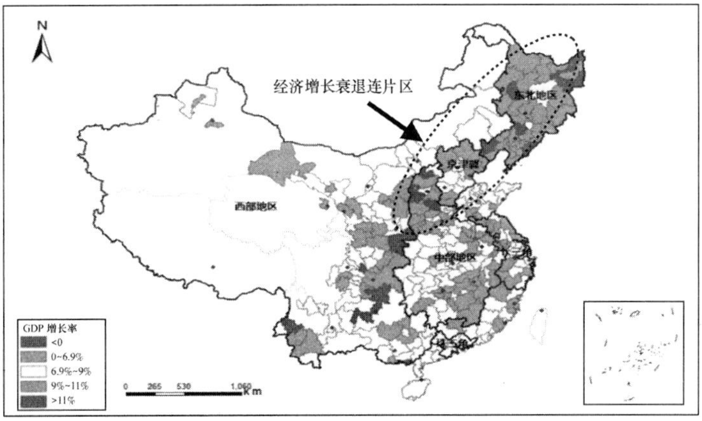

图 4　2015 年地级及以上城市 GDP 年均增长率

注：空白处为数据缺失的地市。

辖市、省会城市、计划单列市和副省级城市极化的趋势较为明显，这种极化的趋势在中西部地区更为显著。区域空间极化效应的增强，与我国产业结构的转型升级密切相关，是新兴产业的聚集规模效应在空间上的一种体现。但也应关注到，这些城市多数行政级别较高，具有较高的经济管理权限和较强的资源配置能力，在一定程度上反映了我国经济增长向行政中心极化的趋势正在增强。

（四）各地区经济增长对国家总体经济增长的贡献

根据不同地区经济增长和地区生产总值占全国的比重，分别对2005～2010年和2010～2015年两个时期各地区经济增长对全国经济增长的贡献①进行了比较（如图5所示）。在2010～2015年期间，全国经济增长的20%是由排名前9位的地区（3%）所推动的，主要是北京、上海、广州、深圳等经济规模较大、相对发展水平较高的地区。

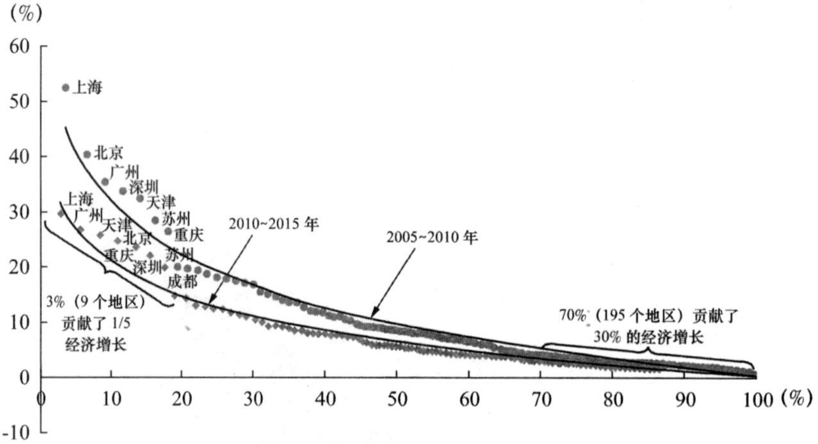

图5 各地区经济增长对整体增长的贡献（2010～2015年）

与上一阶段（2005～2010年）相比，这些地区对国家整体经济增长的相对贡献有所下降，但对全国经济增长仍具有不可忽视的影响。而排序在后70%的地区（195个）对全国总体经济增长的贡献大约在30%左右，相对稳定，主要是由于这些地区经济规模较小，占全国经济比重较低。尽管单个地区的影响较小，但这些地区汇集起来，对国家总体经济增长仍具有重要的支撑作用，如果能充分释放每个地区潜在的增长动力，也将有效拉动国家总体经济增长。

① 注：各地区年均增长率×权重系数（该地区GDP所占比重）=对全国经济增长的贡献。

二、实现区域经济增长面临新的挑战与约束

在新的发展阶段和时代，一个地区能否实现经济增长，不仅和本地区自然资源、土地等传统因素有关，更多取决于聚集和配置资本、人才、技术等知识性要素的能力，而这些要素在空间上的布局和流动，与传统支撑区域经济增长的要素明显不同。此外，随着发展阶段的转变，一些新的矛盾和问题正在出现，如生态环境问题、人口老龄化、财政收支矛盾等，使得不同地区在推动经济增长的过程中也面临着一些新的约束。

（一）新技术革命背景下，经济活动空间组织形态的变化可能会加重“赢者通吃”的局面

随着新一代信息技术、人工智能技术以及现代交通物流体系的快速发展，传统的市场壁垒正在被打破，以“平台”和“云”为依托的“平台”经济和“共享”经济正在快速兴起，被称为“超自由”（ultra-free）市场经济（Reich，2015），不同地区的资本市场、劳动力市场在“平台”和“云”的推动下加速融合，区域经济一体化程度不断提高。在此背景下，资本、人才等高端要素在空间配置和流动的网络化效应越来越显著。根据 OECD 对美国、英国、韩国等国国内人才流动趋势的比较研究，一个地区技能人才的流入与该地区已有的技能人才（居住在本地区超过 5 年以上的）高度相关。资本要素也如此。这种网络效应的增强对市场结构和利润分配的机制产生了深远的影响，资本或者平台的所有者通过“网络”可以在更大的地理空间内形成一种强大的控制力，即所谓“赢者通吃”，地区和地区之间在资

源方面竞争的机制已被改变，逐渐由分散式竞争转向基于网络分工的垄断竞争；另一方面，由于资本、人才等要素网络效应的不断强化，一个地区的经济增长越来越受到全球化的影响，地区和地区之间的分工正在被深化，以价值链为基础的功能性分工被固化的趋势也在凸显。传统的区域政策工具对地区经济增长的影响越来越充满不确定性，如税收的分配向“平台”的集中，使得一些产业对税收减免的敏感性降低，基础设施投资不一定带动产业资本向预期的地区流入等。

（二）财政约束普遍加剧，地区之间发展能力的差距进一步扩大

随着结构调整的深入，传统产业对地方财政收入的贡献明显减少，而新的产业又需要一定时期来发展，依靠房地产投资而形成的土地财政也难以持续。这就导致各地区财政收入的增长都不同程度地趋缓，财政收入压力普遍增大，尤其是那些转型压力较大的地区财政约束更加突出。2015 年，辽宁、山西、黑龙江三省地方财政一般预算收入出现了负增长。省际的绝对差距明显扩大，2015 年财政收入规模最大的广东省，其财政收入增加量相当于新疆、吉林当年总的财政收入（如图 6 所示）。

由于人口结构的变化，我国用于社会保障、就业、医疗等方面的财政支出进入快速增长期。2007 ~ 2015 年期间，我国各省区用于该项的财政支出平均年增长率为 20.4%①。再加上现行社会保障制度、人口流动等方面的因素，有些人口流出地区或者相对发展落后的地区“保运转、保民生”的财政压力非常突出。如 2015 年，甘肃、贵州等

① 注：根据历年中国统计年鉴计算。

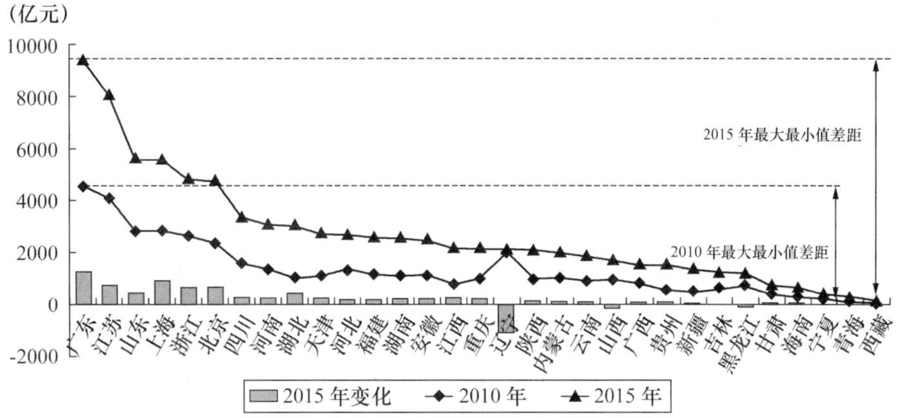

图 6　各地区财政收入的变化趋势（2010～2015 年）

地用于一般公共服务的财政支出与当年地方财政收入的比都超过了 30%，辽宁、河北、黑龙江等地，财政支出中超过 1/4 是用于社会保障和医疗卫生。由此造成不同地区之间用于转型发展的财政支出能力的差距显著扩大。如 2015 年，广东、江苏等地用于科学技术的支出分别为 570 亿元和 372 亿元，比青海、宁夏当年总的财政收入还要高，而辽宁、吉林和黑龙江等转型压力较大的地区同比支出相当于领先地区的 7.5%～21% 左右，而这些支出直接关系到地区创新能力的提升和经济的转型。由此又会引发“串联效应”，即越是经济增长缓慢的地区，财政收入增长的压力就越大，而这些地区的失业、人口老龄化、环境等问题又往往比较严重，养老、医疗、社会保障等财政支出压力就越大，发展能力进一步降低，转型就越缓慢。

（三）投资边际效应降低，对经济增长的影响越来越复杂

在上一发展阶段，我国各地区的经济增长主要是依靠高投资来维持。但进入新发展阶段之后，投资对经济增长的带动作用也出现一些新的变化。一是投资对经济增长的边际效应明显降低。如图 7 所示，

我国多数地区单位固定资产投资对 GDP 增长的拉动作用[①]在过去十年呈现出明显减弱的趋势（上海、北京、黑龙江除外），不同地区投资回报率的差距也在扩大，资本在空间上的集聚度将进一步提高。另外，还要看到，通过重置投资驱动经济增长，将需要更大规模的投资，投资周期越来越长。如果预期的经济增长没有实现，大规模投资的负面效应可能显现，地方债务加重，地方财政可持续能力下降。

二是投资对经济增长空间格局的影响弱化。投资实际上包括多个方面，如基本公共服务、民生保障等方面的社会性投资，对经济增长的影响相对稳定；交通、能源等基础设施投资，在工业化城市化的初期阶段，可以通过降低物流成本，改变一个地区的区位条件，拉动经济增长的作用相对明显。但随着此类投资规模的扩大，地区之间基础设施的差异性在缩小，要素在地区之间的流动性加强，可能会加快经济活动向先发地区的集聚，成为加剧地区失衡的新因素之一。

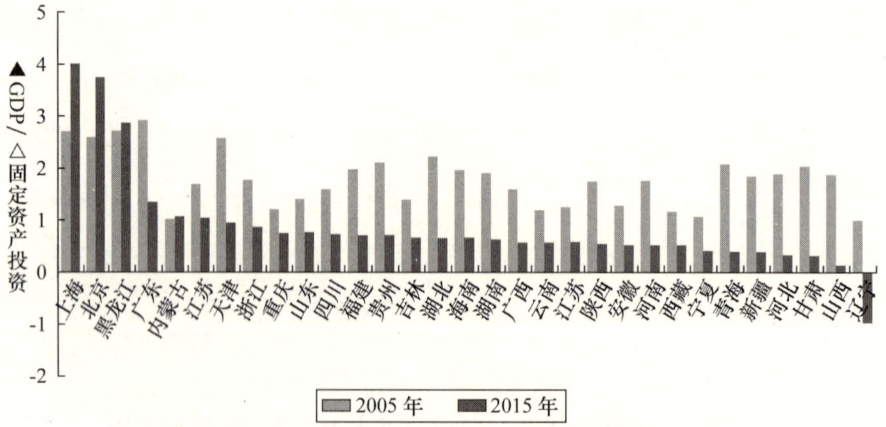

图 7　我国固定资产投资的边际效应变化（2005～2015 年）

---

① 注：全社会固定资产投资，三年移动平均值。

此外，我国各地区为了加快经济转型，对创新基础设施的投资也在快速增加。但由于创新的复杂性，创新投资与经济增长的作用并非是线性正相关的，而是存在“门槛值”（Gilberto Seravalli，2005），也就是创新投资只有达到一定规模之后，对经济增长才有相对明显的促进作用。对于转型压力较大的地区，由于没有足够的创新投入，投资达不到“门槛值”，与创新投入能力较强的地区相比，在聚集创新资源要素方面将处于更加不利的竞争地位，地区差距将进一步扩大。与此同时，随着创新活动复杂度不断提高，创新投入的“门槛值”也随之提高，有些地区的创新投资可能因为“门槛值”的提高而成为“无效投资”，表现为创新投资收益下降，无法转化为有效的经济增长。

（四）区域发展目标多元化，地区经济增长需要平衡更多的因素

经过多年的快速增长，我国居民收入水平显著提高，消费需求结构加快升级，消费需求更加多元化，新的消费领域和新的消费模式不断涌现，需要不断提升供给能力适应消费升级的新趋势；另一方面，前一阶段发展积累的一些问题亟须解决，包括环境污染、生态退化，部分地区资源环境承载力下降，区域差距扩大的趋势没有得到根本性的改变等。在此背景下，区域发展不仅是要满足人们更加多元的物质方面的需求，社会公平、可持续发展等都是新时期区域发展的目标，而每一个发展目标的实现都涉及区域经济增长路径和区域经济增长模式的再选择。同时，多重区域发展目标的实现也要求一个地区在推动经济增长过程中，不能为“增长”而“增长”，要兼顾更多的约束因素，如生态环境、就业、财政风险等，除此之外，还要兼顾到本地区的增长对其他地区的影响。欠发达地区和转型困难地区的经济在多种因素的制约下，实现“跨越式”发展的难度明显加大。

三、以区域协同增长释放各地增长潜力

在新的发展时期，区域经济增长的环境条件更加复杂，不仅要适应新一代技术进步对经济活动空间组织形态的影响，也要同时应对财政收支矛盾加剧、环境恶化等刚性约束。一个地区要实现经济增长，并非拥有的资源越多或者资源要素投入越多就越有效，单个地区的高增长并不一定有利于国家整体经济增长的最优化，需要以更加系统性、整体性的发展思路，推动区域经济增长路径的变革。

（一）以非平衡的思维方式推动区域经济增长已难以适应新的发展环境

过去我国在推动各地区经济增长过程中主要强调两个方面：一个是通过“政策洼地”吸引更多的生产性资本流向政策扶持地区；另一个是发挥地方竞争的激励作用，调动地方发展经济的积极性，鼓励有条件的地方先发展起来。在经济规模较小的工业化中前期，经济一体化程度不高的发展阶段有其合理性。但随着经济规模不断扩大，规模积累效应越来越显著，先发地区对资本、技术、自然资源等要素的控制力将会逐渐增强，必然导致地区之间的层级分化和空间极化的现象趋于显著，以往推动地区经济增长的路径难以行之有效。

一是单纯依靠“政策洼地”很难加快落后地区的经济增长。加快落后地区发展，提高这些地区在全国经济增长中的贡献，是保持国家经济增长稳定的重要着力点。随着发展阶段的转变，这些发展相对落后的地区同样需要依靠“创新”来实现经济增长的转型，但由于创新要素的稀缺性，在空间上不仅是高度聚集，而且其流向与各地起始发

展水平密切相关，即发达地区对创新要素具有内生的、更强大的“向心力”。并且，创新要素对税收减免、土地价格优惠等政策的敏感度要远低于传统的生产要素，越是高端的创新要素敏感度越低。如果仅依靠传统的政策工具和市场竞争机制，落后地区既不具备创新的基础能力和条件，也不具备参与区域竞争的能力，其经济转型增长就可能受到“阻滞”，而陷入困境。

二是如果经济增长依旧建立在地区竞争激励机制基础上，那么长期存在的同质化、底线竞争的现象将很难得到有效治理。产业同构、市场分割、竞争无序，是制约我国整体经济增长的突出问题。这一问题的形成是与地方竞争激励机制密切相关的。在经济发展初期，各地通过复制性的规模扩张参与竞争是最容易实现的路径，但其负面效应也会随着规模的扩大而加剧，尤其是在制造技术模块化、自动化程度不断提高的背景下，一个现代化的制造工厂可以在很短时间内建成，地区之间产业出现“同质化”或者“产能过剩”的周期将被不断地缩短。据不完全统计，28 个省将机器人及其零部件作为重点行业扶持，机器人产业园已超过 40 个（工信部，2016）。“几乎每周都有四五家新的机器人公司出现”[①]，多数集中在组装和代加工的价值链低端环节，大量资源被低效利用，高端行业被“低端化”锁定。这种地区间同质化的“零和竞争”也会制约先进技术在不同地区的扩散传导，阻碍各地生产率的同步改进。因此，亟须建立区域协同增长机制，有效控制地区竞争的负效应。

三是缺乏整体统筹布局的区域经济增长，导致资源利用的碎片化程度不断加剧，规模效应、积聚效应、辐射效应等难以得到充分有效

① 资料来源：“工业 4.0 与中国制造 2025 全球年会”上，沈阳新松机器人自动化股份有限公司高端装备与 3D 打印技术事业部总经理刘长勇介绍。

的发挥。过去，我国在推动区域经济增长过程中，尽管强调地区之间的协调，并采取了对口援助或者区域合作等措施，但多数资源的分配和使用还是以促进单个地区的经济增长为基本出发点，缺乏整体性、系统性的统筹考虑。在实践过程中，就造成各种资源分散在不同地区，规模效益被显著降低。每个地区的经济增长又是相互竞争的，在竞争“排他”效应的作用下各地很难形成有效的分工协作，地区之间重复性、复制性的投资无法有效避免，各地的经济增长不能形成一个有机的整体，相关之间的辐射带动效应被显著弱化。最终导致资源在整个国土空间上，难以按照最优化的路径合理聚集、高效利用。

（二）区域协同增长的内涵

区域协同增长是指通过在不同区域之间建立更高层次、更深度的分工关系，使各地区的经济增长相互支撑、相互促进，实现整个国土空间范围内的资源配置最优化和效率最大化。

区域协同增长重点是要解决三个方面的关键问题：一是通过深化区域分工，最大限度地减少地区之间的“简单复制”或者重复性投资，减少资源在空间和部门间的错配，系统性地优化资源的空间布局，通过资源再配置效应推动新的经济增长；二是改进区域之间的联通性，推动地区之间分工合作、互利共赢式发展，减少地区竞争对资源要素利用效率造成的负面影响；三是降低资源利用过程中的“碎片化”程度，加强不同地区之间资源的整合利用，形成 1 + 1 > 2 的协同效应。

在推动区域协同增长过程中，需要避免两个方面的认识误区：一是区域协同增长强调地区之间的分工，但并不是要指定每个地区只能发展某个特定的产业，或者简单地去提高某个地区某个产业的区位熵指标（某个产业在某个地区的比重与该产业在全国的比重之比），而是引导资源向更具有潜在优势或者相对优势的地区集中，通过提高规模效应和积聚效应，在新的领域形成新的增长点，推动地区经济增长的结构转型。二是尽管区域协同增长强调要挖掘每个地区的潜在优势，但并不是要推动所有地区在同一时期都同步实现经济增长，而是更强调如何利用有限的资源实现整体增长的最优化，并且有利于国家形成稳定、可持续的经济增长。

（三）构建区域协同增长的长效机制

在推动区域协同增长的过程中，要对不同地区发展目标、增长路径、利益取向进行协调，要通过对有限资源在空间上的重组再配置实现结构优化，这是一个兼顾多重目标、多重约束，较为复杂的优化过程，不仅需要通过与之相适应的区域政策工具来实现，更需要建立具有较强执行力的协同增长机制来推动。具体建议如下。

一是要建立有效的区域分工协调机制。以往我国在推动区域增长的过程中也强调区域分工和错位发展，但实践证明如果没有相应的机制保障是很难实现的，必须要基于国家整体利益最大化的共同目标，建立具有更强执行力和约束力的分工协调机制，尽可能减少区域之间复制性或模仿性增长。除此之外，还要实现两个重要目标：一是每个地区都能基于本地区的优势和既有基础，通过要素在空间上的适度集中形成一定的规模效应，获得明显的集聚收益；二是不同地区都形成各具特色和优势的经济增长路径。增长的多元化是实现地区分工合作与协同的必要条件，地区和地区之间只有存在差异才能相互辐射、相互促进。鉴于此，建立有效的地区分工机制主要包括如下内容：①构建地区之间信息共享、互联互通、协同增进的平台。在决策前，各地区的优先领域、政策导向、发展规划、实施安排等重要信息能够依托该平台在地区之间进行广泛的交流，减少信息不对称对地区决策的影响，引导各地区在增长路径选择上尽可能挖掘自身的优势条件，创造新的比较优势。减少因信息限制而出现的地区之间盲目跟随或者非理性的竞争行为。②构建自上而下的分工引导机制。从国际经验来看，这种分工机制往往具有一定的强制性或者前置性的约束条件。如日本、芬兰、荷兰等国家在国家战略规划中都有明确的空间布局导向，地方政府虽然是自治政府，但几乎没有独立的决策权①（专栏1）。欧盟也建立了智慧分工平台（Smart Specialisation Platform），将结构基金的预算分配作为前提约束引导各地区主动参与区域分工合作。我国应充分借鉴国际经验，建立分工平台，明确国家或省级政府优先的战略领域，明确其空间布局的总体方向，利用区域规划、土地政策、财政补贴等地区导向型政策，引导资源要素的配置方向，促进地区分工的形成。

【专栏1】 日本如何促进地区分工合作

日本2014年发布了《国家面向2050年的空间发展》战略规划。该规划中明确提出其空间战略目标为“创造区域之间多元协同（diversesynergies）的国家”。战略重点是以积聚、网络化、多元化产生协同效应。该战略规划由一个国家总体空间规划设计（10年期），8个区域性战略规划构成，并在国家空间规划法和一系列针对具体类型区域的法案下执行。为了切实有效地推动各地区发展的多元化分工，在战略规划颁布实施的同时，还发布了《城市复兴特别措施法修正案》，要求每个地区，包括城市和农村地区，重新识别和开发自

① 资料来源：innovation - driven growth in regions：the role of smart specialization。

身的优势资源，按照国家总体空间规划制定新的城市功能调整规划，在《城市规划法》和《食品、农业和农村开发法案》中的区域分工和开发许可制度下执行。两项法案还包括规划的决策程序、限制和重点发展项目等内容。

资料来源：根据《Grand Design of National Spatial Development towards 2050，Japan》和《Region and cities：where policies and development》整理。

二是要构建具有明确导向的协同激励机制。区域协同增长实质上是资源要素空间布局的结构优化和地区分工的深化，不同的分工地位就意味着不同地区获得的增值收益不同。换而言之，“协同”是一个地区利益再分配、再平衡的过程。地区增长并不存在自发“协同”的内在动力，这就需要在地区之间建立具有明确战略导向，兼顾区际公平激励机制，确保区域分工收益在区域经济增长各相关利益主体中能够科学合理的分配，这样才可能真正推动区域“协同”增长。这是协同过程中最为重要又是最核心的问题。

构建该机制重点包括：①构建地区间的利益补偿机制。主要是针对不同地区在协同过程中因功能定位的差异而出现经济利益的不平衡，如承担生态功能的地区，或者分工处于价值链的生产制造等低附加值环节，又要承担更多环境治理责任的地区，通过中央政府的纵向财政转移支付和地方政府之间横向财政转移支付，建立具有补偿功能的利益平衡机制，激励地区积极参与到分工体系之中。②构建地区财政能力的平衡机制。协同增长的目的之一是要实现不同类型的资源要素在特定地区的规模积聚效应，减少增长过程中分散性或者重复性的投资，避免各地区因“税源”之争而影响“协同”。可以省级行政区或者都市区/城市群为基本空间单元，将各地区税收按照一定比例建立统一的区域性资金池，然后再根据不同地区的人口、收入水平、本年度财政支出预算等指标进行综合测算之后进行分配，减少地区之间可支配财力的实际差距，激励各地区在增长目标和路径的选择上能够充分对接国家总体的区域分工导向。③构建与协同增长相适应的地方政绩评价新机制。建议按照五大发展理念，充分考虑不同地区的差异性和适用性以及国家整个空间布局的总体导向，针对不同类型地区建立新的政绩评价机制。需要强调的是，该评价机制的重点是激励引导各地区实现经济增长的路径更加多元化，而不是鼓励各地区都为了某个目标开展各种类型“锦标赛”，以此来减少地方政府在推动经济增长过程中的非合作“零和竞争”的行为。通过考核评价机制的结构性优化，引导地方政府把创新生态建设和公共服务的供给作为其聚集增长要素的主要方式，以有效控制地区之间对各种“资源”的底线竞争和地方政府消极、被动的协同行为。

【专栏2】 美国明尼苏达州的税基共享机制

美国明尼苏达州的税基共享机制在20世纪80年代初开始实行，是美国最早实行税基共享机制的州之一。最简单的模式是将商业和工业税收增长的40%放入统一的资金池，由整个区域共享，再按照各地区需求支出计算公式进行分配。通过该机制实现了如下功能：①各地方政府都能共享本区域经济的增长；②降低了私营企业区位决策的财政影响，使整个区域的开发更加合理化；③形成了一种激励机制，促进区域作为一个整体去推动经济增长，降低地区经济发展过程的过度竞争；④帮助那些处在早期发展阶段或者难以获得投资的地区克服资本瓶颈的约束，保障地方政府公共服务的供给能力。该机制实施过程中的难点在于如何科学合理地测定各地区的财政需求。以该模式为基础，有的地区调整共享比例，将其作为区域经济发展基金统一使用，而不在地区之间进行再分配，如俄亥俄州。

资料来源：*The Regional Governing of Metropolitan America*。

三是要建立有利于要素跨区域合理配置的机制。协同增长的根本目标是要基于国家整体增长最大化前提下促进每一个地区的增长，这就需要构建一个要素跨区域统筹利用的机制，用以矫正区域经济增长过程中存在的“循环累积效应”和领先地区对欠发达地区的“虹吸效应”，防止资源要素的过度积聚，促进每一类地区都能相对平等地获得发展资源。具体包括：①改进区域之间连接性，包括交通等硬件设施的连通，也包括信息、政策等方面的衔接，减少政策性壁垒，促进劳动力、资本、产品、技术等要素在区域之间能够自由流动；②可利用“增长联盟”或者“资源共享平台”等形式，加强不同地区资源要素的统筹利用，尤其是要促进领先地区和落后地区之间的要素流动；③按照国家总体战略布局，利用财政补贴、资金资助、人才等差异化的政策，引导要素向特定地区的流动。

【专栏3】 美国如何促进转型地区与领先地区之间的要素流动

自2010年，美国联邦政府在硅谷创建了全球企业峰会，并设立了底特律专题峰会，预算由联邦财政承担，由位于硅谷地区的大学承办。该峰会相当于一种平台连接机制，通过该平台促进底特律与大学、研究机构、风险投资公司以及全球企业之间建立联系，带动硅谷和其他地区的资本、人才、技术向底特律流动。至2015年，已为底特律引入了上百家高新技术初创企业，获得上亿美元的直接风险投资（包括部分在底特律周边地区的风投），吸引了不同企业投资，如GE、谷歌、特斯拉、GPS开发和传感器制造企业，利用先进的新兴技术，激活了底特律在汽车、钢铁等行业已有的沉淀资产，如汽车行业的技术劳动力，汽车试驾、测试的基础设施（道路、实验室等），极大地推动了该地区无人驾驶汽车和相关信息技术产业的发展，成为美国风险投资最热的地区之一。

资料来源：根据“The Detroit Story”at the Global Entrepreneurship Summit和布鲁金斯报告“The Rise of Innovation Districts：A New Geography of Innovation in America”整理。

四、实现区域协同增长的对策建议

推动区域协同增长的思路和方式，与过去推动区域经济增长明显不同，更强调不同地区的一体化布局和整体最优化。因此，区域政策要从主要鼓励“竞争”转向更加鼓励“协同”、更加注重跨地区的统筹与整合。政策制定的基点要从促进局部地区或单个地区的发展转向基于区域系统性优化的一体化发展。具体建议如下。

（一）加强地区导向型政策的科学性，促进地区经济增长路径的多元化

实现区域协同增长的前提条件是各地区经济增长路径要多元化。多元化的增长路径必然需要不同的政策来支持和引导，这就需要采取与地方经济增长需求更匹配的地区导向型政策。有效的地区导向型政策应遵循两个基本原则：一是有利于实现资源要素空间布局的规模效应，即地区导向型政策要能够引导各类资源要素配置到最具有比较优势和规模经济的地区，而不是政策资源在空间上的分散化；二是要有

利于形成区域共同增长的格局，通过实施更强调地区差异性、特殊性的导向型政策，为不同类型、不同发展水平的地区创造更适宜的发展条件和发展机会，形成政策效应，促进更多地区增长潜力的释放。

从国际经验来看，地区导向型政策涉及不同地区重点领域的优先选择和对不同地区比较优势的科学判断，既要考虑不同地区现实的突出问题，又要对接国家区域整体布局的目标导向，对政策质量具有较高的要求。因此，我国在实施地区导向型政策时要特别注重各层级政府之间的互动，避免无实质性差异的地区导向型政策，不能体现地区真正的特性，导致区域政策只有“地方”而无“导向”的泛化；还要注重各部门政策在特定地区导向型政策总体框架中的整合与协调，打破部门政策“筒仓”（Policy silos），避免部门政策在地区执行过程中的不协调、不一致。如：我国针对西部落后地区鼓励类产业和优势类产业的税收优惠政策与高新技术企业税收优惠政策缺乏衔接，由于高新技术企业准入门槛更高，地方更倾向于发展所谓的优势产业，转型动力不足，地区导向型政策的有效性被大大降低。此外，需要强调的是，尽管地区导向型政策强调“地区”，但并非一定要覆盖所有地区，而是以国家整体利益最大化和生产力布局优化为总目标，以资源的集聚规模效应最大化为前提，有优先、有重点、有分工的协同发展。如：美国联邦政府为提高资源利用效率，减少政策分散的协调成本，更有效地推动区域经济发展，在2012年启动了SC2项目（Strong Cities，Strong Communities），整合19个部门的各类资金和资源为6个城市（2016年增加到14个城市）提供定制化、全面的发展促进方案，帮助其实现增长转型[①]。从各国实践来看，一定时期在过多地区实行过多

① 资料来源：White House Council on Strong cities，Strong communities 2017。

的导向型政策，往往会导致有限资源被过度地分散使用，不能形成政策合力，实施效果显著下降。

（二）加快完善以“人”为中心的区域政策，为地区间的协同增长创造更适宜的政策环境

如上文所述，区域协同增长实际上是基于整体效率最大化的一种结构性优化。在此过程中，有些要素会进一步向优势地区集中，地区经济增长的不平衡性可能加剧，但不能为了维持低水平的“平衡”状态，而降低整体的空间效率，这也不符合“协同增长”的目标。关键是完善以“人”为中心的区域政策，即不管其居住在高增长地区还是低增长地区，都能享受到大体一致的公共服务和社会保障水平。以“人”为中心的区域政策也是对地区导向型政策的重要补充，是在区域协同增长过程中兼顾实现效率与公平的有效路径之一。

建议从以下两个层面完善以“人”为中心的区域政策。一是加快与人口流动相关的政策改革，以人口流动推动公共服务的均等化。包括：推动不同地区之间从业资格、职称评定等各类标准的互认，减少劳动力跨地区就业的政策壁垒。改革人口管理政策，确保跨地区流动的各类人口，尤其是就业人口的随迁人口在居住地能够公平享受到国家提供的各项基本公共服务。二是确保各地方政府向本地居民提供基本公共服务的能力均等化，不能因为经济发展水平的差距而影响当地居民获得的公共服务水平。优化不同层级政府在公共服务领域的财政支出责任，对于养老、医疗、义务教育等可转移的财政支出责任可归属于更高层级政府，建立全国统一的社会保障体系。建立一套更加规范化、法治化的财政救助机制来帮助在协同增长过程中相对落后的地区。

（三）优化基础设施的空间布局，改进区域之间的连接性，为实现区域协同增长提供基本的支撑条件

尽管在协同增长过程中，为了整体效率的最大化和政策效应的最大化，有些地区获得更大的支持力度，有的地区相对较少，地区差距短期内可能会扩大，但协同的最终目标是为了实现所有地区的经济增长。因此，需改进区域之间的连接性，相互连接才有助于实现地区间的分工合作，先发地区才能更好地发挥辐射带动作用，后发地区才具备承接辐射的“通道”，不同地区之间才能形成相互促进、相互支撑的协同增长新格局。

优化基础设施的空间布局重点应集中在以下方面：一是构建以实物（资源、产品等）为核心以及以知识信息为核心的双层、多维互通的大空间基础设施网络。可借鉴日本的经验，采取“簇轴和枢纽主导式”的空间布局，以现有交通主干网络基础上，通过信息网络与交通基础设施网络的相互连接，促进城市群、中心城市、农村地区等不同层级地区之间的互联互通，即不同空间的“智慧互联”，引导要素在空间上能够向外围地区扩散，而不是单一纵向地向核心地区集中，以适应协同增长过程中地区分工的要求。加强信息网络基础设施向非中心外围地区的延伸，增强外围地区与核心地区、城市与农村地区的连接性，促进地区间知识、信息、技术等要素的有效流动，为外围地区利用信息技术，挖掘本地区特色资源优势，创新经济增长路径创造更有利的条件。二是以民生保障为基本目标，加快欠发达地区各类基础设施的建设与发展。对于欠发达地区而言，基础设施，尤其是公共服务设施落后，使得其自身拥有的优势资源潜力得不到发挥，外部资源也无法引进，已成为制约这些地区经济增长转型的重要瓶颈，需要国家加大支持力度。优先改进欠发达地区医疗、教育、环境等基础设施，

以保障其基本的生活需求。结合欠发达地区文化旅游、养老健康等新兴产业发展的需求，重点加快物流、旅游设施、养老设施的建设，满足不同地区经济增长对基础设施的差异化需求。

（四）建立区域投资一体化政策框架，提高区域投资的有效性，切实发挥投资对协同增长的促进作用

投资仍是各地区实现经济增长的重要动力支撑，但地区之间不合理的投资结构，重复性的低效投资，不仅不能促进经济增长，还会产生负面效应，制约经济增长。根据 OECD 的研究报告[①]，改进一个地区的基础设施，并不会自动实现更高水平的经济增长。这些投资需要与教育、创新等领域的投资同步改进，才会对经济增长发挥有效的带动作用。如果在一定时期，过度强调某一类基础设施投资，往往会由于缺乏其他领域的支撑，投资的有效性降低，很难转化为有效的经济增长，反而使地方财政的可持续性下降。因此，需要把优化区域投资结构，提高投资的有效性作为推动区域协同增长的重要任务之一。

在向创新驱动经济增长转型的背景下，提高区域投资有效性的关键是要减少地区间的重复性投资，提高投资的规模效应和组合投资的集成效应。因此，首先要加强区域投资的顶层设计，建立区域一体化的投资战略框架，综合考虑各地区人口密度、经济发展水平以及人口、经济活动空间布局的总体趋势，明确交通、创新、教育、医疗等关键领域区域投资的差异化导向。如：日本在其国家空间战略中，不仅明确了交通、信息网络、创新基础设施的空间规划，还根据人口空间布局的预测以及不同地区人口规模的预测和结构差异，对教育、养老等

① OECD，2009，How regions grow：trends and analysis.

公共服务设施的空间布局进行了总体规划。其次，要加强部门间和地区间投资的协调。一方面要促进不同部门不同领域投资的优先性在地区层面相一致，以促进不同的投资在地区层面实现最优化的组合，能够相互补充、相互促进，使投资对经济增长的有效性最大化；如：德国科技部和区域发展部建立了定期会议协调机制，来促进科技创新与地区发展优先的一致性[①]；另一方面，通过财政资源的分配和投资分担机制，加强地区间投资的协调，引导地区之间公共投资项目的有效衔接与横向合作。按照功能区和经济区的概念整合不同行政区的投资，尤其是一些创新领域的投资，以实现投资规模效应的最大化。如，丹麦在2007年利用中央财政和欧盟结构基金将271个地方投资项目整合为98个投资项目[②]。

（五）形成有利于地区间协同增长的地方税体系，增强协同增长的内生动力

制约我国各地区协同增长的核心因素本质上仍是地方财政利益的竞争。在目前的财税体制下，针对落后地区财政收入的差距，主要是通过纵向的财政转移支付来平衡，但财政转移支付是基于财政支出的均等化工具，只是保障地区基本的财政支出水平，地方很难依靠转移支付，提高本地区公共服务质量和创新能力，并形成内源式经济增长动力。在此情形下，地区之间的税收竞争仍不可避免，难以形成“协同增长”的共识，即使按照协同增长的一体化布局制定了发展规划，明确了功能分工，也难以落实，“底线竞争”“市场分割”等阻碍协同增长的发展行为依然无法得到有效控制。因此，亟须推动有利于地区

① 资料来源：Investing Together：Working Effectively across levels of government。

② OECD，Effective public investment across levels of government，2014.

间协同增长的地方税体系改革。

从促进区域协同增长的要求来看，地方税体系应具备如下特征：地方税应当与经济增长周期的相关度较低，支持地方财政主要收入的地方税税基应当相对稳定，流动性较低；税基在地区之间的分布相对均衡，地方税税负不宜向其他地区转移，地方税的收入要能够用于本地区基本公共服务和经济社会发展，尤其是在平台经济和共享经济越来越发达的情况下，更要防止地方税的转移。建议可在已有试点的基础上，重点推进实施以房地产税和土地使用税为主的物业税，把消费税调整为地方税，扩大资源税的征收范围等。允许地方政府在不违反国家政策统一性的前提下，结合本地的实际，探索开征部分地方性税种。如，在部分地区启动“绿色税收转型”试点，可选择技术标准相对成熟的税目开征环境税，使其成为地方财政收入的重要补充，并形成差异化增长路径的税收激励机制。

执笔人：孙志燕

参考文献

[1] 杨子荣，代军勋等．新常态下中国经济增长动力切换研究——基于区域差异视角分析．当代经济科学，2015（6）

[2] 刘榆，刘忠璐，周杰峰．地区经济增长差异的原因分析——基于人力资本结构视角．厦门大学学报（哲学社会科学版），2015（3）

[3] 许培源，魏丹．知识创新的空间分布、空间溢出及其对区域经济发展的影响．东南学术，2015（4）

[4] 李琳，刘莹．区域经济协同发展的驱动机制探析．当代经济研究，2015（5）

[5] 尚勇敏，鲁春阳，曾刚．区域经济发展模式的阶段适用性研究．经济问题探索，2015（9）

[6] 杨龙．区域政策：跨域治理的重要工具．国家治理，2015（42）

[7] 马学广．全球城市区域的空间生产与跨界治理研究．北京：科学出版社，2017

[8] David B. Audretsch，Everything in Its Place：Entrepreneurship and the Strategic Management of Cities，Regions，and States，OUP USA，2015.4

[9] Antoine van Agtmael，Fred Bakker，Christopher Lane ，The Smartest Places on Earth：Why Rust-

belts Are the Emerging Hotspots of Global Innovation，2016. 3

[10] OECD，OECD Regional Outlook 2016：Productive Regions for Inclusive Societies，2016

[11] OECD，Promoting Growth in All Regions，2012

[12] OECD，OECD Regional Outlook 2011：Building Resilient Regions for Stronger Economies，2011

[13] UK City Growth Commission. Connected cities：the link to growth，2014. 7

[14] Camila Vammalle，Rudiger Ahrend，Claudia Hulbert，A Sub – national Perspective on Financing Investment for Growth II – Creating Fiscal Space for Public Investment，OECD Working Papers，2014

[15] Stilianos Alexiadis，Konstantinos Eleftheriou，The 'Trade – off' between Spatial Equity and Economic Efficiency Revisited：Evidence from the US States，MPRA Paper No. 24372，2010. 8

[16] Hansjörg Blöchliger and Camila Vammalle ，Reforming Fiscal Federalism and Local Government：beyond the zero – sum game，OECD Working Papers，2012

[17] Philip McCann，Raquel Ortega – Argilés ，Smart Specialization，Regional Growth and Applications to EU Cohesion Policy，Economic geography working paper，University of Groningen，2011

专题一

区域协同增长的现状分析

本专题重点从区域差距、区域增长动力的差异等角度对我国区域协同增长的现状进行了分析，并对制约区域之间协同增长的因素进行探讨。

一、改革开放以来我国区域差距的演变

区域发展不平衡是普遍规律。衡量区域发展不平衡的指标主要有地区绝对差距和相对差距。由于研究角度不同地区差距算法很多，为避免不必要的争议，这里将本专题使用的地区绝对差距和地区相对差距的含义及计算方法定义如下（这是目前最为直观和最为简单的方法）。

地区绝对差距：指两地区之间人均 GDP 大的地区与小的地区之算术差，就我国东部（包括东部地带和东北地区）与中西部地区而言，为当年东部（包括东部地带和东北地区）人均 GDP 与中西部人均 GDP 之差。地区绝对差距变化率，指当年地区绝对差的增长率（%）。

地区相对差距：指两个地区之间绝对差距与两地人均 GDP 中大值之比。地区相对差距的变化率，指当年地区相对差与上年地区相对差

之差（百分点）。

利用1978年至2015年的分省年度统计数据，以人均GDP作为评价发展的标志，将全国各省区（包括省、自治区和直辖市，下同）划分为东部（包括东北地区）和中西部两大区域，使用区域发展绝对差和相对差两个指标及两个变化指标，分析改革开放以来我国区域发展差距的演变。通过对比1978年至2015年各省区经济发展的绝对差与相对差以及各省区人均GDP与地区经济差距之间的关系分析，得到以下研究结果。

（一）改革开放以来我国区域发展不平衡差距呈现出典型的"倒U形"变化态势

改革开放以来，我国东部（包括东北地区）与中西部经济发展不平衡的差距总体变化态势是：随着人均收入水平的提高，区域相对差距呈明显的"倒U形"；区域绝对差距总体呈不断扩大趋势，但绝对差距扩大速度与相对差距变化是相对应的，也呈明显的"倒U形"。根据我国地区经济发展差距的两个"倒U形"变化规律，可将1978年至2015年划分为三个阶段（参见图1－1、图1－2和表1－1）。

第一阶段（1978～1992年），为我国区域经济发展差距从低水平开始逐步扩大的阶段。改革开放之初，我国经济发展水平很低、发展速度缓慢，地区经济发展的相对差距不大。1978～1984年，是我国经济经过"文革"之后的调整时期，地区经济发展的相对差距仍处于略微缩小状态，由1978年的41.7%略微缩减到1984年的41.2%（相对差距变化为负值），绝对差距虽然依然在扩大，但扩大的速度较缓慢，由1978年的194元扩大到1984年的364元（增长率在个位数之内），这时我国区域经济发展的主要动力来自农村经济承包制的改革和城市

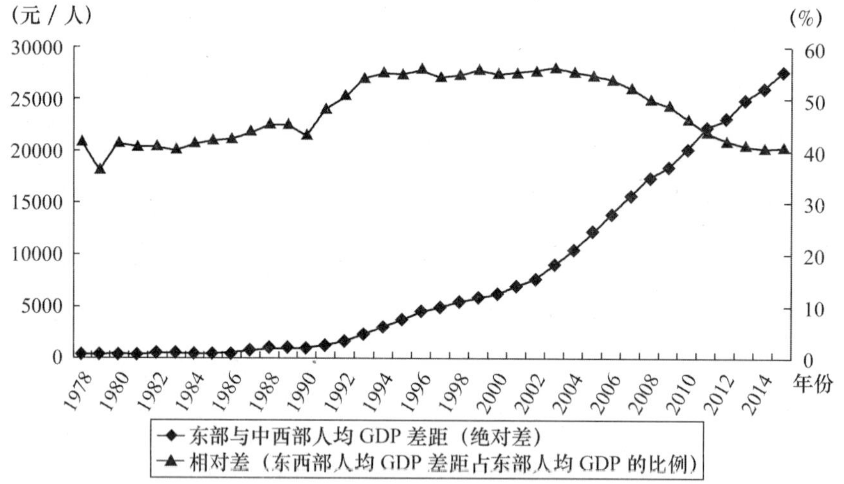

图 1-1　相对差与绝对差变化比较

资料来源：国家统计局网站。

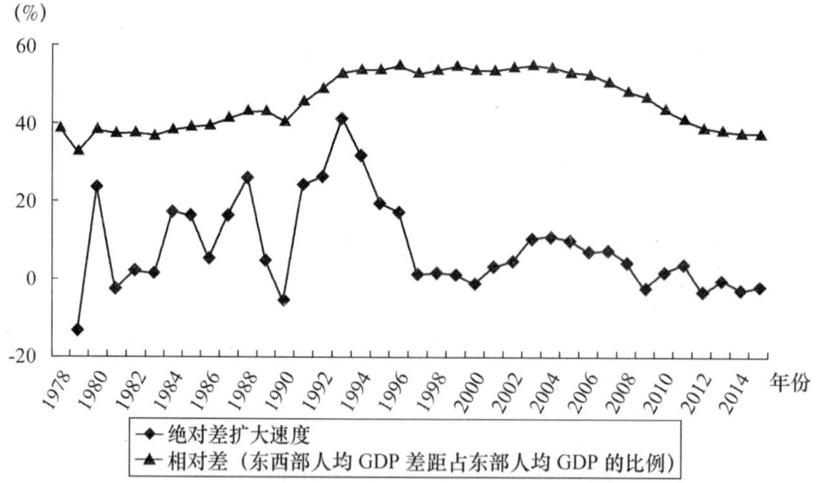

图 1-2　绝对差变化率与相对差变化率比较

个体经济的放开搞活，经济逐步恢复，地区差距的演变继续沿袭了过去区域均衡发展的态势；1984 年后我国开始了以建立“商品经济”体制为目标的城市经济改革序幕，城镇的企业开始实行“放权让利”的承包制（借鉴了农村承包制的经验），农村也出现了乡镇企业的异军突起，区域经济发展的动力是市场化导向的改革和启动沿海发展战

表 1-1　东部（包括东北地区）与中西部区域差距表

	各省区合计人均GDP（元/人）	各省区合计人均GDP增长率（%）	东部（包括东北地区）人均GDP（元/人）	中西部地区人均GDP（元/人）	绝对差（元/人）	绝对差变化率（%）	相对差（%）	相对差变化值（百分点）
1978	355		465	271	194		41.7	
1979	410	15.5	513	327	186	-4.2	36.2	-5.48
1980	439	6.9	574	336	238	28.0	41.5	5.24
1981	473	7.7	614	365	250	5.0	40.6	-0.81
1982	518	9.6	673	400	274	9.6	40.6	-0.01
1983	574	10.9	743	446	297	8.6	40.0	-0.64
1984	677	17.8	884	519	364	22.5	41.2	1.21
1985	809	19.5	1061	618	443	21.6	41.8	0.55
1986	895	10.6	1178	681	497	12.2	42.2	0.42
1987	1044	16.8	1390	784	606	21.9	43.6	1.40
1988	1300	24.4	1750	961	789	30.3	45.1	1.51
1989	1458	12.2	1962	1079	882	11.8	45.0	-0.11
1990	1595	9.4	2111	1204	907	2.8	43.0	-2.01
1991	1763	10.5	2440	1273	1168	28.7	47.8	4.88
1992	2137	21.2	3022	1499	1523	30.4	50.4	2.56
1993	2783	30.3	4054	1870	2185	43.4	53.9	3.48
1994	3669	31.8	5390	2435	2955	35.3	54.8	0.94
1995	4604	25.5	6746	3065	3680	24.5	54.6	-0.27
1996	5489	19.2	8119	3600	4519	22.8	55.7	1.10
1997	6287	14.5	9093	4183	4911	8.7	54.0	-1.65
1998	6747	7.3	9803	4460	5344	8.8	54.5	0.51
1999	7156	6.1	10478	4671	5807	8.7	55.4	0.91
2000	7863	9.9	11330	5144	6187	6.5	54.6	-0.81
2001	8627	9.7	12445	5619	6826	10.3	54.8	0.24
2002	9527	10.4	13785	6162	7624	11.7	55.3	0.46
2003	10928	14.7	15889	6997	8892	16.6	56.0	0.66

续表

	各省区合计人均 GDP（元/人）	各省区合计人均 GDP 增长率（%）	东部（包括东北地区）人均 GDP（元/人）	中西部地区人均 GDP（元/人）	绝对差（元/人）	绝对差变化率（%）	相对差（%）	相对差变化值（百分点）
2004	13067	19.6	18839	8468	10371	16.6	55.1	-0.91
2005	15579	19.2	22220	10157	12063	16.3	54.3	-0.76
2006	18086	16.1	25588	11887	13700	13.6	53.5	-0.75
2007	21603	19.4	30115	14483	15632	14.1	51.9	-1.63
2008	25559	18.3	35007	17593	17414	11.4	49.7	-2.16
2009	27821	8.9	37739	19386	18353	5.4	48.6	-1.11
2010	33043	18.8	43740	23713	20026	9.1	45.8	-2.85
2011	39233	18.7	51062	28881	22181	10.8	43.4	-2.35
2012	43151	10.0	55477	32338	23139	4.3	41.7	-1.73
2013	47222	9.4	60431	35627	24804	7.2	41.0	-0.66
2014	50677	7.3	64545	38497	26048	5.0	40.4	-0.69
2015	53193	5.0	67879	40322	27557	5.8	40.6	0.24

资料来源：根据历年《中国统计年鉴》有关数据分析整理。

略，地区经济发展的相对差距开始缓慢扩大，由 1984 年的 41.2% 缓慢扩大到 1992 年 50.4%（相对差距变化转为正值），绝对差距扩大速度开始加快，由 1984 年 364 元缓慢扩大到 1992 年 1523 元（开始出现 10% 以上的扩大速度）。

第二阶段（1992～2000 年），是地区差距快速扩大阶段。1992 年，我国经济体制改革确立了建立“市场经济体制”的目标，要让市场机制在资源配置中起基础性作用，同时开放战略也确定了“全方位”放开的新目标。在改革开放进一步展开的背景下，我国东部地区不仅在市场化改革上走在全国前列，而且在开放上更是得益于沿海的区位优势，在发展外向型经济上具有得天独厚的条件。这一时期，我国区域经济发展动力主要来源于引进外资和先进经验，靠出口导向的外向型经济。因此，在东部优先发展战略进一步实施，伴随市场经济在东部地区的发展成熟和外向型经济的发展，东部地区获得快速发展，中西部地区发展条件相对较差，东部与中西部经济的相对差距迅速扩大，由1991年的47.8%扩大到2000年的54.6%（相对差距变化基本上都在5.0个百分点以上），1996年我国地区相对差距达到最大值，即达到55.7%（见表1）；相应地，地区绝对差距也呈现出快速扩大趋势，由1992年的1523元扩大到2000年的6187元（扩大速度在20%以上）。

第三阶段（2000年至今），是区域差距再次缩小和趋缓阶段。2000年后，国家开始实施一系列区域协调发展战略，如西部大开发、中部崛起、振兴东北老工业基地以及京津冀协调发展、长江经济带和“一带一路”发展等，区域间经济发展差距再次出现缩小和趋缓态势，形成一个完整的“倒U形”演变格局。这一时期，区域发展的动力转变为区域协调和协同发展，各地扶贫攻坚也得到更有效的执行，国家发展总体战略进一步倾向于地区均衡发展。在国家有力的区域发展正向干预政策的作用下，地区间相对差距再次出现缩小的态势，由2000年的54.6%缩小到2015年的40.6%（相对差距变化又由正值转变为负值）；区域绝对差距虽然继续扩大，但速度也明显放缓，由2000年的6187元扩大到2015年的2.7557万元（扩大速度降至10%左右）。

（二）经济发展水平（人均GDP）与区域差距变化的关系分析

首先，经济发展与地区绝对差距的关系。随着经济发展，我国各省区合计的名义人均GDP从1978年的355元上升至2015年的53193元；同期，我国东部（包括东北地区）与中西部之间的绝对差距相应地由1978年的194元上升至2015年的27557元（见表1）。这表明，随着经济发展水平的提高，我国地区之间的绝对差距始终处于扩大状态。但是，如果从两者的速度变化看，则表现为几乎同步的所谓“倒U形”变化。其中，第一个阶段（1978～1992年）经济增长速度在10%左右，地区绝对差距处于慢速增长阶段（增速在10%以下）；第二个阶段（1992～2000年）经济增长速度在10%以上的快速增长期，地区绝对差距也处于快速增长（增速在20%左右）；第三个阶段（2000年至今），经济增长速度又回归到10%以下的中高速，地区绝对差距扩大速度也回归到中低速（增速在10%以下）（参见图1－3及表1－1）。这说明，经济发展速度与地区绝对差距变化的模式是基本一致的，也就是说经济增长速度与地区绝对差距呈正相关关系，经济发展速度快的时候，地区绝对差距扩大的速度也就越快，反之就越慢。具体分析地区绝对差距变化速率如下，随着我国经济体量逐年增大，绝对差数值持续增大，1993年以后，明显快速上升。从绝对差数值上划分为周期性波动、持续增加和逐步变缓三个阶段。第一个阶段从1978年到1997年，这一阶段变化率波动幅度很大，最高值出现在1992年至1993年，为43%；而最低值为负值，出现在1978年至1979年之间，绝对差降低4.19%。同时，这一阶段绝对差变化周期也在变化（绝对值变化率从上升到下降为一个周期），从2年一个周期（1978～1984年），到4年一个周期（1986～1990年），再到8年一个周期（1990～1997年），最后可以看到绝对差的变化正在逐步趋于缓和，之后进入变化平缓的第二阶段（2000～2003年），变化率在6%至9%之间。之后绝对差变化率持续降低，进入第三阶段（2003～2015年），虽然也有小的波动，但是绝对差变化率始终在下降，趋于缓和。2012年之后，绝对差变化率保持在10%以内（如图1－3）。

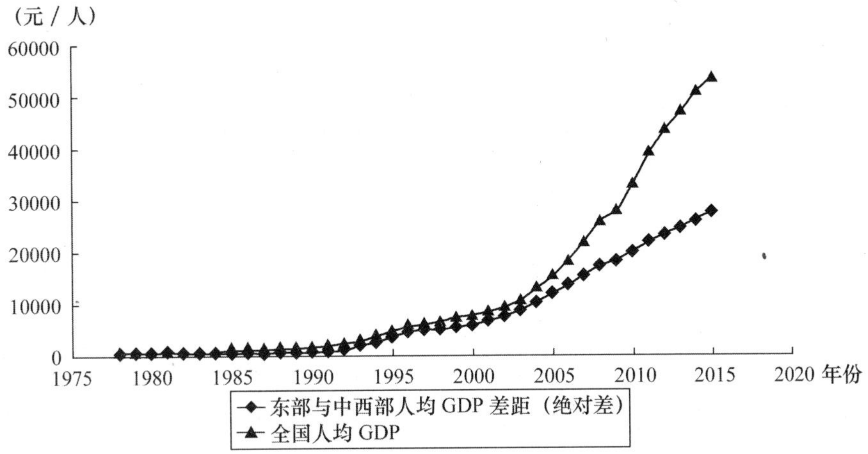

图 1－3　各省区人均 GDP 与东部（包括东北部）与中西部人均 GDP 绝对差距

资料来源：国家统计局网站。

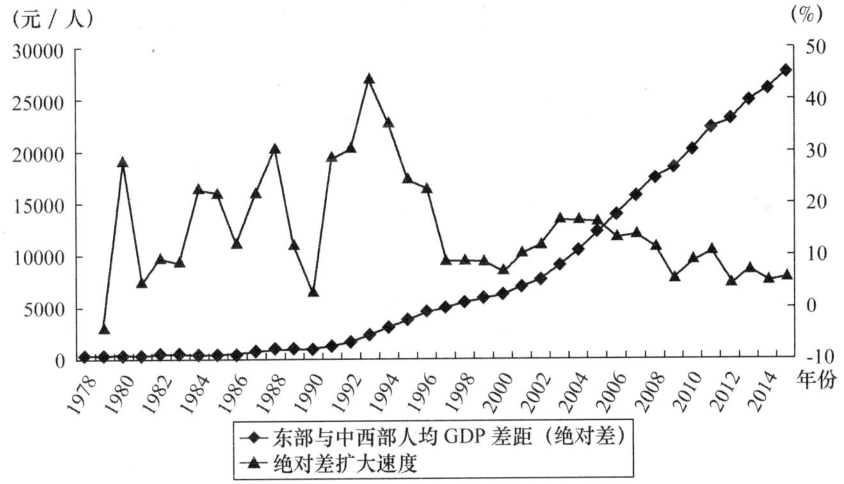

图 1－4　绝对差变化率变化情况

资料来源：国家统计局网站。

其次，经济发展与地区相对差距的关系。一般而言，经济发展水平较低时，地区相对差距也相对较低，随着经济发展水平提高，地区相对差距也逐步增大，但随着经济发展进入中高水平之后，地区相对差距则开始缩小，地区相对差距随着经济发展水平不断提高呈现出明显的“倒 U 形”；从经济发展水平增速的变化来看，则经济发展的增长速度与地区相对差距同样呈现出“倒U形”（参见图1－3、图1－2）。具体分析如下，如果将全国人均GDP值作为横轴，对比相对差与绝对差的变化，可以看到相对差变化的两个拐点，如图1－3和图1－2所示。拐点1对应1993年，相对差从扩大到平缓，此时全国人均GDP为2783元，绝对差为2185元，相对差为78.48%。拐点2对应2003年，在人均GDP达到10928元以后，相对差为56.0%，绝对差为8892元，之后相对差开始下降。相对差最高时为1996年，全国人均GDP为5489元时，相对差达到55.7%，绝对差为4519元。相对差最低对应于1979年，为36.2%，此时全国人均GDP为410元，绝对差为186元。

第三，地区绝对差距与相对差距之间的关系。总体态势是，地区绝对差距增长速度发生“倒U形”变化时，地区相对差距也随之发生同样的变化。地区绝对差扩大速度与相对差对比如图1－5所示，同样展示出三阶段变化的特点。1978～1993年，绝对差波动变化，相对差逐渐增加。相对差在1993年至2003年之间趋于平稳，绝对差变化率也逐步趋于平稳。2003年以后，相对差逐年下降，绝对差变化率呈现出波动下降的趋势（参见图1－5、图1－2）。

总之，通过上述分析可以看出，随着经济发展水平的提高，经济增长速度、地区绝对差距和地区相对差距均呈“倒U形”演变态势；一般而言，经济增长速度的“倒U形”变化是主变量，由此导致地区绝对差距速度“倒U形”变化，而地区绝对差距速度的变化又导致地区相对差距的“倒U形”变化。这个变化过程在我国三十多年的改革开放历程中表现得十分明显，充分揭示了区域经济发展与地区差距演变之间的关系，具有一定的普遍意义。

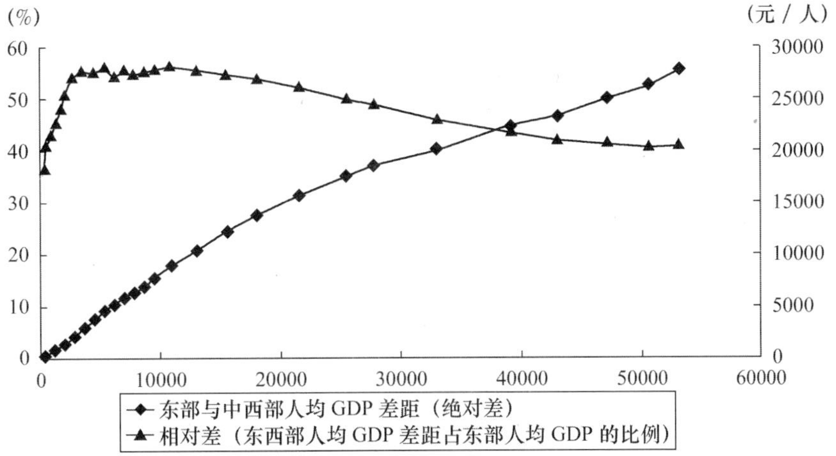

图1－5 绝对差、相对差随人均GDP增长的变化情况

资料来源：国家统计局网站。

二、区域差距变动的原因分析

不同区域之间发展差距产生的原因是多样的，主要有三个方面。

（一）自然条件：区位条件、自然资源和自然生态环境

对外贸易在我国区域发展中占据重要地位。距离港口的远近与经济增长水平之间呈现明显的负相关，良好的地理区位条件使东部地区天然具有了生产成本和运输成本方面的优势，并为充分利用率先开放的制度变革收益提供了客观前提。而自然条件实质上通过人口规模的历史集聚，又为参与世界分工提供了劳动力资源优势。与此相反，中、西部地区气候干燥少雨，地形多山，土地贫瘠，虽拥有丰富的矿产资源，但采掘和运输成本较为高昂，人力资源也并不丰富。

其次，非农产业向东部沿海省份发展，在地理空间上形成集聚，这种集聚效应又通过循环累积机制促成了产业在东部地区的路径锁

定，进一步地拉大了东部与中西部地区的工资和经济发展水平差距，地理空间溢出效应显著。

（二）社会因素：制度、国家发展战略、产业布局政策、体制改革

我国区域发展现状明显受到政府区域战略的影响。改革开放后，中央政府实行向东部倾斜的政策，使得生产要素首先可以在东部地区自由流动，进而为东部地区的经济增长创造了必要条件。

从体制上，政府率先给予东部和南部省份在发展经济方面更大的自主权，在发展经济上可以更充分地利用市场手段配置资源，提高了资源使用的效率。

在产业发展上，东部首先从事在国际上具有竞争力的劳动密集型和资本密集型产品的生产，这种先发优势造成的国内分工格局，最终对中、西部产业发展产生了重要影响。首先，由于东部地区生产率和利润率的提高，将中西部大量的劳动力、资本等生产要素吸引到东部城市中，中、西部被动地成为国内产业链分工中位于上游行业的要素提供者。其次，当发展到一定阶段，东部城市由于资本和技术的积累，开始不断向资本和技术密集型产业进入时，中、西部地区只能在新的生产链上向下游延伸，承接东部地区产业转移。由于东部地区不断从事竞争力更强的产业，使得生产要素不断向回报率更高的地区流动，进一步限制了中、西部地区的发展。

2003 年以后，中、西部地区的快速发展在很大程度上得益于国家西部大开发、振兴东北老工业基地和中部崛起战略的实施，中、西部地区的经济增速要明显快于东部地区，区域间发展差距具有缩小的趋势。因此，政府应该进一步加大对中西部地区的政策支持力度，进而

实现我国区域的协调发展。

（三）地方文化差异：发展历程、人口素质、教育水平、民风习俗

知识创新能力在经济增长中的作用正变得越来越重要，东部地区的知识技术、教育资源、创新能力、人力资本在发展中得以积累，这种优势必然会进一步拉大东部与中西部区域经济发展水平的差距。但知识资本具有正外部性，可以通过加大对中西部知识资源的投入，完成中西部地区跨越式发展。

另一方面，区域文化差异是造成这些发展差距的另一个重要原因。区域文化通过作用于区域经济的主体——区域经济活动中的人，而生产巨大的经济影响力，成为区域经济发展的软件，这主要表现在区域文化影响区域微观组织的形成和发展，也影响到区域宏观系统的形成和发展，也影响和制约着区域之间的文化交流。但是，区域文化和区域经济发展具有不完全同步性：如果一个区域文化的发展落后于区域经济发展，那么就存在着经济发展的长期隐患；相反，如果一个区域的文化发展超前于其经济发展水平，就存在着经济发展的长期动力[①]。可以通过打造区域经济文化循环圈、引进先进经济文化、以新型企业文化为核心，构建新型区域经济文化等方式，建立基于区域文化的区域经济发展战略。

三、区域差距调控的国际国内经验

从全球看，20 世纪 50 年代以后，国家或者区域之间发展的差距

① 吴义能："区域文化对区域经济发展影响研究"，载《华中师范大学》，2006 年。

扩大。美国经济学家威廉姆森在库兹涅茨 1955 年对农业和工业两部门的劳动收入差距变化的“倒 U 形”理论之上，提出区域发展差距变化的“倒 U 形”假说。由于各个地区之间的区位优势不同，资源禀赋不同，经济基础差异甚大，各种生产要素必然向平均利润率高的地区转移和积聚，导致区域之间经济发展水平差距拉大。发达地区的工业化水平达到一定程度之后，生产要素价格的上涨，平均利润率降低，而欠发达地区的生产要素成本低的优势会逐步显现出来，加之政府的引导，生产要素会向欠发达地区转移，促进经济增长，缩小区域之间的发展差距。瑞典经济学家缪尔达尔在《经济理论和不发达地区》一书中，提出了“地理上的二元经济”结构理论，用“循环积累因果关系”论来说明地理上的二元经济产生的原因及其如何消除的问题。其中上循环，即“扩散效应”是指资本、劳动力等生产要素从发达地区向不发达地区流动，导致区域差距缩小的结果。下循环又被称作“回流效应”，是指资本、劳动力等生产要素从不发达地区向发达地区流动导致区域差距扩大的结果。在区域经济发展中，由于规模经济和聚集经济的存在，人均收入、工资和利润水平等要素收益的区域差异会吸引资本、劳动、技术、资源等，要素由落后地区向发达地区流动，产生“回流效应”，从而使落后地区越来越落后；而发达地区发展到一定程度后因人口过多、交通拥挤、环境污染、资源短缺等原因引起生产成本上升，竞争加剧，外部经济效益下降等导致资本、劳动、技术等要素倒向落后地区流动，即产生“扩散效应”，从而促进和带动落后地区的发展。回流效应的结果使经济发达地区越来越发达，经济落后地区越来越落后。而且由于市场机制的作用，回流效应总是先于和大于扩展效应，如果一个区域的发展速度一旦超过了平均发展速度，这一地区就获得了连续积累的竞争优势，市场的力量通常倾向于增加而不是减少区域经济差异。在市场机制作用下，发达地区在发展过程中不断积累对自己有利的因素，而落后地区则不断积累对自己不利的因素。

缪尔达尔认为须依靠政府干预，才能制定正确的区域发展政策，促进区域发展并限制地区差异扩大。首先在经济发展的初期，政府应当采用不平衡发展战略，通过发展计划和投资，优先发展那些基础条件较好、具有较强发展势头的地区，以求得较好的投资效率和较快的经济增长速度。当经济发展到一定水平时，政府需要采取一系列特殊的区域经济政策，刺激落后地区的发展，缩小区域经济差异。通过政府主动的宏观调控，防止累积因果循环造成地区贫富差距的无限扩大。

我国政府在改革开放后的区域战略政策可以看作先通过“回流效应”实现条件优越地区的优先发展，而后通过“扩散效应”带动其他地区的发展的过程。

在改革开放之初，东部沿海地区作为开放的第一线，在拥有区域优势的基础上，得到在国家“优先发展”的政策扶持下，率先获得了发展机会。东部沿海地区设立特区，获得税收、投资等优势，制度灵活性高，交易效率远高于中西部。在这样的发展机遇下，东部沿海地区优先发展，对中西部地区的劳动力、资源都有很强的聚集和吸引效果。在这种情况下，随着交通基础设施的完善，要素跨区域的流动的无成本或者低成本导致聚集效果进一步加强。大量优质资源流出，加剧了区域发展的不平衡。

为了达到缩小区域发展差距的目的，自20世纪90年代开始，国家的区域政策偏向中西部地区，提出了“西部大开发”战略，促进西部地区的经济发展。在2004年先后提出“中部崛起”和“振兴东北老工业基地”两个区域发展战略。之后，沿主要交通线路的区域“两横两纵”经济带规划出台，2011年《全国主体功能区规划》发布，旨在引导我国不同区域合理分工，为长期可持续发展打好基础。

在国家区域发展战略的演变下，可清晰看到从地区优先发展，到效率为主兼顾公平，再到平衡差距共同富裕的转变思路。那么，在区域发展战略的转型之下，中国的区域间差距的演变也同样遵循着国际上的一般规律。

四、促进区域协同增长的措施

未来五年是我国实施“十三五”规划，全面建成小康社会的关键时期，城乡区域协调发展是其中重要的内容。总体看，未来我国区域经济协调发展需要做好以下三方面的工作。

（一）构建空间市场一体化条件下的区域分工合作新体系

空间市场一体化是区域分工合作的前提，包括硬件一体化和软件一体化。硬件一体化是指交通通信等基础设施网络条件，即依托人口、城乡和产业等经济活动主体占用地表空间行为特点所决定的“点线面”框架结构体系，尤其是由“线状”基础设施形成的纵横交错的经济轴带（见《“十三五”规划建议》），以形成全国统一的产品服务以及要素市场体系的硬件基本框架，确保产品、服务和要素在地表空间上顺畅地自由流动和配置的完整空间市场体系。软件条件是指保障各类区域之间贸易和交往自由进行的体制机制和政策体系。根据我国基本国情和区域经济协调发展的基本要求，依托城乡居民点体系，特别是城镇体系，并根据我国空间“点线面”结构特征，按照沿海、沿江、沿线和沿边等宏观“四沿”战略部署，可以构成以交通网络线路为连接的大体沿经纬度延伸的“四纵四横”经济轴带，以形成互联互通的空间市场一体化基本框架。“四纵”包括沿海纵线、京哈－京九线、二（连浩特）三（亚或沙）线和西部沿边线。其中，沿海纵线走向为大连、威海、青岛、连云港、上海、福州、汕头、广州、北海等；京哈－京九线走向为京哈线、京九线（包括京广线）；二（连浩特）三（亚或沙）线走向为二连浩特－呼和浩特－包（头）西（安）线－西安重庆线－重庆贵阳南宁线－南宁湛江海口线－海口三（亚或沙）线；西部沿边线走向为阿尔泰－伊犁－喀什－阿里－拉萨线。“四横”包括大连－北方捷道、陇海－喀什线、沿长江线和台湾－大陆线。其中，大连－北方捷道线走向为大连、京津线、包头、巴彦淖尔、额济纳旗、哈密、乌鲁木齐、阿拉山口口岸（霍尔果斯）等；陇海－喀什线走向为陇海线－兰（州）西（宁）线－西（宁）格（尔木）－格（尔木）喀（什）线；沿长江线走向为沪汉蓉－成都拉萨线；台湾－大陆线走向为台北福州－福州赣州郴州线－桂林河池昆明瑞丽线。

区域分工合作是空间市场一体化的必然结果。对一个大国而言，区域分工合作体系应当包括多层多功能的区域分工合作体系。这里依托各级行政区划和经济区划体系，提出如下构成“二实三虚”的五个分层分工合作新的区域系统，即具有政府管理机构的实体区域（如省区和县域）和只设协调机构的虚拟区域（包括宏观经济区、综合经济区和特色经济区等），不同层次的区域分工（合作）解决不同的区域问题。第一层次，是宏观经济区域，是虚设区域。有三大地带、四大板块的划分。宏观经济区域的任务是，揭示宏观区域经济格局（水平、速度与总量）的状态及变化趋势，构建全国城乡一体化体系，确保区域发展差距能控制在可以承受的范围之内。第二层次，是综合经济区，这也是虚设区域。主要目的是统一规划和建设大型跨区域性基础设施项目，如区际高速公路、铁路以及航运等交通线路与枢纽工程、区际通信工程、大型水利工程等，以为区域经济一体化创造必要的硬件条件。第三层次，是省区经济，为实体区域经济。省区是我国区域经济的主要管理者和区域政策的执行者，为了减少行政层级，更好地发挥组织区域活动的作用，需要扩大省级行政区数目，并与未来城镇群有机结合。第四层次，是特色经济区，未来应该是虚设区域。其任务在于在较细的产业分类层次，甚至产品层次上，建立合理的区域分工与合作关系，以形成各具特色的区域经济体系和城市（或都市）圈。第五层次，是基本经济区。即县域经济区，是实体经济区，是区域政策作用的对象。任务在于建立生产与生活一体化的基本区域经济空间，实现统筹城乡发展以及城乡一体化的目的，并以县城为核心，构建由主城区、近郊区、远郊区组成的城乡内部空间结构体系。

（二）培育一系列区域经济增长极（或点或带）

我国经济进入新常态，同时又面临“中等收入陷阱”的压力。从城乡区域经济的角度看，迫切需要尽快培育一系列区域经济增长极（或点或带），以确保未来我国经济能够长期保持中高速增长的需求。新一届中央领导集体高度重视我国区域经济协调和协同发展问题，先后提出了京津冀协同发展、长江流域经济带和“一带一路”三大区域重点工程，“十三五”规划建议进一步提出要培育区域经济增长新空间，这些都为培育一系列区域经济增长极（或点或带）指明了方向。从我国东、中、西三大地带看，未来我国城乡区域新的经济增长极（或点或带）呈现出以下格局。

从相对比较发达的东部地区看，主要呈现出“三大多小”的增长极（或点或带）体系。“三大”指环渤海、长三角和珠三角，中国区域经济增长的核心区，称为城镇群也行。“多小”包括从北到南的辽宁沿海“5点一线”、（京津冀）、曹妃甸、天津滨海新区、黄骅港、黄河三角洲、胶济半岛城市群；苏北沿海、（长三角）、海峡西岸、潮汕地区、（珠三角）、琼州海峡（包括海口与雷州半岛和湛江经济区）等多个潜力巨大的新的增长极（或点或带）。

从相对欠发达的中、西部看，主要呈现出三类热点地区，或潜在增长极（或点或带）地区：一是资源富集地区，如内蒙古（曾连续7年包括我国区域经济增长速度最快的省区）、陕北能源基地、甘肃庆阳能源基地、山西能源基地、新疆塔里木盆地、青海格尔木盐湖开发等；二是老工业基地，如中原城市群、武汉城市圈、长株潭城市群、太原城市群、环鄱阳湖经济圈、成渝地区城乡一体化改革实验区、关中—天水开发区；三是区位和农业相对优越地区，如长江中游平原、四川盆地、北部湾、天山南路经济区、青海湟水河流域、环鄱阳湖经济区、环洞庭湖经济区、皖江经济带等。

（三）做好区域经济供给侧结构改革工作

供给侧结构性改革有三个基本含义：一是发展动力从主要依赖需求侧转变为供给侧。经济发展无非是需求与供给，随着工业化城镇化的发展，两者之间的关系经历了工业化初期为基本需求短缺时代，供给是矛盾的主要方面，有供给创造需求的萨伊定律；工业化中期为大规模标准化生产时代，需求是矛盾的主要方面，出现了凯恩斯有效需求理论；发展工业化后期为多样化个性需求时代，有效供给又成为矛盾的主要方面，因此出现了新的供给学派（里根时代），和现在中国的供给侧结构改革理论。二是发展目标从总量转变为结构调整。结构问题可以归结为提质增效问题（包括减少外部性），四种基本做法——加减乘除法。减法是指用壮士断腕的毅力，下决心砍掉技术落后、环境污染严重的过剩产能（包括兼并重组提高产业集中度以及完善破产制度），如钢铁、水泥、纺织、小化工等；加法是指大力发展优势高新技术产业和其他新兴产业和业态，努力培育接替性新的产业增长点；乘法是指依靠先进技术，如IT、互联网技术和生物技术等，确保产业技术不断得到有效的进步和提高，以全面提升各产业的整体素质和竞争力；除法是指按照“资源节约、环境友好”型社会的要求，加大清洁生产和“三废”排放治理投入力度，实现绿色、循环、低碳生产。三是政策措施不仅是发展，更重要的是改革。体制改革、技术进步和扩大内需是未来发展的三大动力，其中体制改革是最大的红利之所在。目前，我国体制改革处于中间阶段，今后关键在于要素改革上，未来服务业的发展也对改革提出了更高的要求。未来要素改革的几个重点包括企业管理制度改革（国企等）、人事制度改革、土地制度改革、金融体制改革、财政税收体制改革以及宏观调整体制改革等。

按照以提高质效为中心，以供给侧结构性改革为主线的发展总体思路，中央经济工作会议提出去产能、去库存、去杠杆、降成本和补短板等5大任务。其中，去产能、去库存意在淘汰无效供给，增加有效供给，方法是减产和破产，需要制度创新。去杠杆，意在防止金融风险；经济借贷率太高，在缺乏新的经济增长点时，需适当降低借贷水平；平衡点在于企业利润率高于贷款利息率，以及还款总量大于利息总量，否则就会出现违约行为，最终导致坏账以致金融危机。降成本意在实施供给学派的减税政策，为有效供给提供适宜的发展环境；减少审批，优化投资环境。补短板意在培育新的有效供给，新的增长点，创新的需求。

执笔人：刘　勇　宋逸群

参考文献

[1] 陆大道等. 中国区域发展的理论与实践. 北京：科学出版社，2003
[2] 刘再兴. 工业地理学. 北京：商务印书馆，1997
[3] W. 艾萨德. 区域科学导论. 北京：高等教育出版社，1991
[4] 王梦奎等. 中国地区社会经济发展不平衡问题研究. 北京：商务印书馆，2000
[5] 陆大道. 2000 年我国工业生产力布局总图的科学基础. 地理科学，1999，6（2）
[6] 刘再兴. 90 年代中国生产力总体布局. 中国国情国力. 1992，3（4）
[7] 周起业，刘再兴等. 区域经济学. 北京：中国人民大学出版社，1989
[8] 陈栋生主编. 中国区域经济新论. 北京：经济科学出版社，2004
[9] 胡序威. 国土规划与区域规划. 经济地理，1981（1）
[10] 黄秉维. 中国综合自然区划草案. 科学通报，1959（18）
[11] 吴传钧. 中国经济地理. 北京：科学出版社，2000
[12] 陆大道. 中国工业布局的理论与实践. 北京：科学出版社，1990
[13] 杨开忠. 中国区域发展研究. 北京：海洋出版社，1989
[14] 张敦富等. 区域经济学原理. 北京：轻工业出版社，1999
[15] 刘勇. "十一五"期间协调空间开发秩序和调整空间结构的相关问题研究. 中州学刊，2005
[16] 陆大道. 区域发展及其空间结构. 北京：科学出版社，1995
[17] 国家计委国土地区司. 国土工作大事记（1981～1994）. 北京：改革出版社，1995
[18] 厉以宁主编. 区域发展新思路. 北京：经济日报出版社，2000

专题二

要素流动、全国统一市场与最优政策区域

区域协同发展需要良好的区域政策设计，区域政策是针对空间的，那么区域政策所覆盖的空间范围应该多大？区域政策应该根据什么样的因素来确定其所覆盖的空间范围？区域政策应该如何组合？这就成为一个促进区域协同发展的基本性话题，也涉及区域学科的基本认识。本专题拟首先说明区域是由一系列的要素及其相关关系所构成；其次说明当区域面临冲击时，由于要素的流动性之间相互影响，对区域的关注需要经济地理要素和自然地理要素的统一，区域应该按照要素的流动范围来界定，确定区域政策的最优空间；第三，沿着要素流动的思路，继而说明区域政策有其适应的空间范围，探讨区域政策的综合性和时序。

一、区域由多种要素及其相互作用而构成

区域经济学或者区域科学所关注的核心问题是：区域是如何增长的？为什么有的区域增长得快？为什么区域间的福利水平差距是如此的持久？这些问题获得了巨大的关注，这表明了“空间的重要性”。

那么，“空间”到底如何界定？又是怎么起作用的？就像任何学科的基本概念一样，“区域”在区域经济学中的定义也是分歧很多。

对抽象的区域给予定义实际上非常困难，而且争议分歧很多，因此，区域经济学的很多定义都避免了给予抽象的区域（空间）的定义，而是根据所要研究的特定问题来确定区域的定义及划分。例如根据区域的经济发展状况把区域划分为增长区、停滞区和退化区（张可云，2001）。又可以根据区域内的要素组成情况划分为均质区（区域内某个要素的状况比较相似）和功能区（区域内的各个要素组合起来完成某种功能）（崔功豪等，2005）。

在西方早期的区域经济学家的著作中，区域问题就是来自贸易结构和产业的变化所带来的问题，它会使得部分区域受损、部分区域受益，这产生了对由此产生的问题进行调控的思路（张可云，2001）。当然区域政策还与政府干预主义有关，是政府干预思潮的结果。顾名思义，区域政策就是搞区域差别对待的，针对特定的区域给予利益补贴（输送）。

克里斯泰勒（1933）和廖什（1954）讨论了定义区域的方法。在他们的中心地理论中，区域是按照等级体系来定义的。每一个区域由数目较少的高等级中心地和数目较多的低等级中心地构成。中心地（或城市）的等级由城市所提供的产品种类所决定，从而也与中心地的相对市场规模有关。某个等级的中心地从上一级的中心地进口货物，向下一级的中心地出口货物，但与同一级的中心地（或城市）没有联系。

但是，现在的区域经济学更多地从区域的相互作用（Interdependency），尤其是劳动力市场的相互依赖出发来定义区域。Hoover and Giarratani（1985）就是从“节点”（nodal）角度来定义区域的，区域有两个特征：第一，区域内部的劳动力、资本和货物流动具有更多的共性；第二，在区域内，经济活动的流向集中在单一节点，即区域内有节点和环绕其周围的外围地区。Richardson（1975）认为一个区域可以有多个节点和多个外围地区，但这多个节点在功能上有较高的整合（integration）。

Karl · Fox 的功能经济区（Functional Economic area）具有更强的实际和政策含义（Fox and Kumar，1994）。首先，功能经济区是“节点”区域定义的一个延伸，它更多地强调中心节点相对于外围地区的优势是来自于外围地区的劳动人口就业更多地依赖于节点地区。Fox 的功能经济区是美国商务部经济分析局定义经济区（Economic areas）的概念基础。这个概念的最大优点是它从人口和就业的角度来定义区域，这就为区域分析与社会福利分析建立了直接联系。其次，空间是通过工人的通勤成本来决定的，从而把空间和经济功能明确联系起来；第三，提供了明确划分区域的标准，即劳动力市场的一体化程度（日常通勤的联系），从而使区域划分与企业以及工人的就业范围密切结合起来。

但是，功能经济区的划分也面临很多的挑战。首先是交通和通信技术的变化，使得就业联系的空间范围大幅增加，从而使该种视角定义的区域边界难以确定，而且也会减弱该种方法划分的区域内的工人与就业之间的联系。其次是功能经济区通常不会与行政区划、生态区域一致，从而导致所产生的区域发展问题与所能使用的政策工具不一致。

为了克服纯粹的功能经济区概念所带来的难题，政策实践对此进行了修改。例如美国的经济分析局在按照通勤划分都市统计区时，是以县域为区域边界。此外，还可以按照某些要素来划分区域，例如低收入区域、制造业区域等。这样，这些区域就可以看作一个同质的国家，从而可以用（国际）贸易理论来分析区域的增长①。

“规划区域（Planning Regions）”是以行政或者管理范围为界的区域划分方法，这一区域划分方式的好处是政策设计、实施空间范围明确。但是，由于规划区域内所面临的经济问题、生态问题的空间范围刚好与政策的空间范围一致，从而使政策具有空间溢出（空间外部性）。

从演化的角度看，区域既可以按照自然资源、生态系统和地理边界划分，也可以按照历史渊源来划分。Markusen（1987）就认为区域是“由历史演化形成的、空间连续的社会体，它们有相似的自然生态、经济环境、历史文化、政治，但空间结构却与其他区域不同”。例如，大家常常提到的大芝加哥地区就是芝加哥地区及密西根湖长期历史作用的结果。

总而言之，对于区域的定义是很多样的，在很大程度上，区域的定义依赖于对所要分析的问题的理解。

二、区域政策范围需要依据要素的流动范围来确定

关于如何界定区域，在区域学家或区域经济学家中有着无数的争议，但有趣的是，Mundell（1961）的文章却从宏观经济政策尤其是汇率政策角度给出了“区域”的明确定义，区域应该按照要素在区域内部的流动性和要素在区域外部的不可流动性来定义（Mundell，1961，P661）。因此，区域就是相对的，而不是绝对的，无论

① 注：中国的现实是区域很少按照某个要素的同质程度来划分，而主要是行政区划的、综合性的区域，使得贸易理论很难被应用到区域分析中。

是地理空间还是产业上的区域都是如此，区域的范围会随着政治和经济状况的变化而变化。在要素可以内部流动而不可以外部流动的区域内，要有自己的货币或者区域政策。当然，这是从产出稳定的角度，但随着货币区域的增多，维持多种货币的成本会上升，而且单个货币的市场深度（规模）会减少，这也约束了货币区域（政策区域）的增加。

按照 Mundell（1961）的思路，货币种类（或者说货币政策）应该是区域性质的，而不应该是国家性质的。在一个要素可以流动范围所构成的区域内有一种自己的货币，这样就可以通过名义价格的调整来应对外部冲击。例如，有区域 A 和 B，分别生产产品 a 和 b，最初，区域间是平衡的，即各自充分就业，区域间有产品贸易，但没有贸易逆差。现如果有一个外部冲击，人们更多地偏向产品 b，那么就会形成区域间的不平衡，区域 A 产生赤字，区域 B 有盈余，从而区域 A 有失业，区域 B 有通胀。如何恢复均衡呢？第一，如果保持最初的相对价格不变，可以让人口流动，即人口由区域 A 流向区域 B，增加产品 b 的供给能力，也就是价格不动，数量动；第二，改变相对价格，这其中有两个路径，一是改变名义汇率（区域 A 贬值），而名义价格不变，二是改变名义价格（商品 a 降价），而名义汇率不变，总之，就是使商品 a 的实际价格变得更低一些。调整的速度取决于价格黏性。这是宏观经济或者国际贸易中通常的调整方式，但一个国家之内，统一的货币下，是没有名义汇率的调节机制的，而且，虽然人口在一个国家内的流动性通常大于国家间的流动，但是也不会是完全流动的。作为缺乏货币调节机制的补充，财政政策发挥着更重要的作用，即“财政联邦主义”，税收和转移支付的机制来调节区域间的发展。

更进一步的推论就是，当要素可以无成本流动时，其政策应该是单一的，即只需要有宏观政策，而不需要有区域政策。也就是说，如果区域政策所针对的空间范围应该是要素可以无成本流动的范围，在能够以较低的成本改变其就业、生活空间的范围内，区域政策是统一的。

从通常的生产函数来看，在现代货币金融条件下，资本在区域间的流动性是比较强的，不会有实物性质的障碍，资本所对应的企业厂房、设备则不具有区域间的流动性，而真正决定着政策区域划分的关键因素是人的流动范围和流动成本。在现实中，有的政策手段会落到人头，有的政策手段会落到企业，而企业又会进一步分解到资本（设备）和人头，所以人（或者劳动力）的流动范围和流动成本决定着区域政策的范围和有效性。人口的流动范围和流动成本取决于制度成本和空间距离成本，这两类成本首先决定了区域政策多数时候按照行政划分区域的合理性，因为行政区划的分割带来了劳动力流动最大的制度因素；其次也决定了地理要素分析的统一性。

一个区域是由多种要素构成的，既包括自然地理要素也有经济地理要素，由于这两大类要素在性质上有很大差异，在学科上有自然地理和经济地理的分裂，在政策上有资源政策和经济政策的分别。但是当注意到自然地理要素带来地理环境的特殊性，同时对可流动要素的流动范围产生影响时，地理景观对人口流动就产生了非常重要的影响，这决定了自然地理要素和经济地理要素的重要性以及地理学（区域科学和区域政策）的统一性基础。自然地理因素例如河流、山脉、沙漠带来了人口流动或迁徙的空间距离成本，而且劳动者对于自然地理环境在心理上的适应和调整也有着一定的成本，在一定程度上影响着地方劳动力市场的深度和广度。

要素的流动产生了对空间与距离的不同认识。区域政治经济学派认为空间不仅是异质的，而且距离是演化中的空间经济的一个内生结果，区域的可达性是一种商品。运输作为一种特殊商品，每个区域都生产运输，但不是作为生产的直接投入，而是一种用来直接投入品在地理上可获得的商品。即距离是被生产出来的，成为商品生产的内生变量。空间经济的动态均衡是：相对生产水平在区域间的分布，依赖于工资、技术和运输成本；保证所有区域和部门有相同的平均利润和增长率。

空间的理解还涉及地方性的劳动力市场。这显然与劳动力要素的流动性程度有关，劳动力的流动一方面取决于生产的空间组织方式，一方面取决于就业、社会关系和阶级结构的地理特征。相对于资本乃至于技术的流动性而言，劳动力的流动性要小得多。劳动力市场本质上是地方层次的，工作职位的创造与消失，就业、失业和工资制定的过程及其管理和规章都是地方性的。在特定的空间和制度背景中，工人寻找就业、雇主雇佣雇工，形成特定的就业结构、就业活动和文化习俗，并产生自己的劳动力市场的规制模式。

技术的扩散或流动是理解空间或区域的另一个角度。如果技术能够在不同的空间范围内以较低成本扩散，那么促进技术变革的区域政策就应该覆盖所有可以低成本扩散的空间范围，这样的空间范围就构成了所谓区域政策技术扩散区域。

技术的扩散和人员的流动会有不同的空间范围，这就产生了单要素和多要素的区域政策范围。如果某一政策工具仅仅作用于单一流动要素，则该政策空间就与单一要素的流动范围一致；如果某一政策工具作用多种流动要素，则该政策空间范围的有效性较为复杂，直观来看，取决于要素的最大流动范围。

三、区域政策的合理性、综合性及时序

（一）区域政策的合理性

区域发展政策是一种干预性政策，因此首先要讨论的就聚焦在干预政策的合理性：对市场的矫正。Richardson（1979）在区域经济学的环境中讨论了效率与公平，他认为效率指促进整个国民经济的最快增长，这也就包括了资源的最优分配。公平指区域在收入、财富和增长速度的差距缩小。这两者并不总是矛盾的，区域间的促进增长的政策应该是扩大总量的，而不是零和的游戏。因此区域规划工作者应该将着眼点集中在促进区域整体的增长，而不是仅仅着眼于资源在区域间的流动和分配。在完美市场或者新古典区域增长模型者看来，区域间的公平和效率是完全一致的，区域发展最终将使得区域间的福利无差异。然而，根据 Stiglitz（1989）的观点，市场本身就是不完美的，第一是知识的公共物品属性，第二是（信贷）市场的信息不对称，第三是产品质量信息的不完美。尤其是知识的公共物品属性在区域发展中的作用更为明显。

然而知识的公共物品属性在干中学的背景下，常常是先发地区获得巨大的优势，通过先学习，可以获得更大的优势，从而成为后发地区进入的门槛。通过干中学，尤其是建立了有助于干中学的机制之后，先发地区和后发地区的增长速度会随着时间而扩大。“干中学”给区域规划者带来了挑战。首先，区域规划者需要考虑如何克服“知识”这个公共品的提供不足问题，第二，区域规划者如何克服知识传播的地域性，尤其是对于不够发达地区的规划者而言，在这些区域里，通常更为缺乏“知识”创造所需要的高校、科研机构、风险投资机构

等，同时也缺乏企业之间的交流。

另一种办法就是直接的“财富区域转移”。这就涉及政策是面对“空间”还是“人员”的争议。Winnick（1966）就认为针对具体区域的政策而不是针对区域中的人员的政策是不合适的。但是在更多的区域经济学者看来，“区域”自身也可以被认为是一种“公共物品”，在这个“区域”内，很多的物品被以不同于其他“区域”的方式提供出来。如果是这样，面对“区域”的政策就具有了其合理性。

（二）区域政策的综合性和时序

本专题从区域受到外部冲击时，所做出的反应和调整来讨论区域政策综合性及时序，图 2－1 表明了区域受到冲击时的反应。图 2－1 中的横轴和纵轴分别代表两种可以调整的要素投入，Ⅰ表示第一种技术条件时的等产量线，Ⅱ表示第二种技术条件时的等产量线，WR_1 和 WR_2 分别表示两种要素相对价格时企业的等成本曲线，过 A 点和 B 点的水平线表示不同的区域特征，也就是区域内在所考察期限内不可改变的环境（也可视为其他所有要素的组合关系），这是一个固定生产要素。固定生产要素在区域或者空间上的存在，会使得区域成为一个

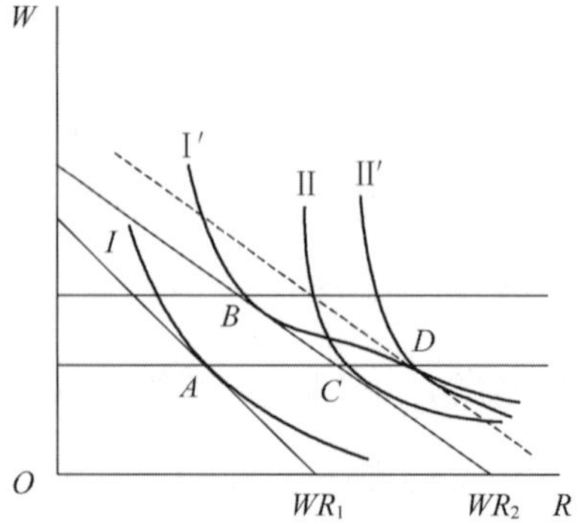

图 2－1　区域面临冲击后的政策调整

因素。在短期来看，如果区域上的超级固定生产要素不能调整，区域就会成为区域刚性，从多个方面制约调整，例如制约企业调整厂房、规模；制约劳动力市场调整，劳动力的流动等。超级固定要素所在的空间范围就是一个区域，也就是区域政策所要施加的范围。超级固定要素有如企业间的联系、自然地理因素条件。所以，如果从要素的可调整期限看，所有的区域政策都是短期政策。也就是说，平行于水平轴的曲线的移动就代表着区域的变化。

初始均衡处于 A 点，此时，等成本线和等产量线相切于区域特征线上的 A 点。现假定区域受到外部冲击，要素相对价格发生变化，等成本线由 WR_1 调整为 WR_2（可见此时区域受到的是正面冲击，区域生产呈扩张状态），在原有技术条件不变情况下，最优的投入组合为 B 点，产量扩张。但是，B 点不在固定生产要素线上，也就是说最优要素组合超出了原有的区域范围，那么区域政策和区域经济活动的参与者应做何调整？

有两个调整途径。第一大类调整情形：水平移动超级固定要素曲线至 B 点，此时在区域 B 的范围内，投入要素的组合成为最优组合，此种情形相当于调整了原有对区域的定义，即通常所说的在更大的区域范围内配置资源或者调整行政区划以符合资源最优配置的条件。第二类调整情形是不移动超级固定曲线条件下的调整，也就是在原有区域范围内的政策调整，又可分为以下几种情况：第一种情况，企业在成本和信贷约束下，沿着等成本线向超级固定要素曲线由 B 点移动至 C 点，此时的要素配置是可行的，但在现有技术条件下不是最优的，此时，可以采用单一的鼓励技术创新的政策，使得技术水平发生改变，即由等产量线Ⅰ调整到等产量线Ⅱ，从而使区域内的各类要素（包括固定要素和可变要素）的配置达到最优；第二种情况，沿着等产量线由B点移动至D点，由于等产量线是凸集，D点一定在D点的右侧，在信贷约束下，D点的成本超过了支付能力，是不可行的，因此，需要在区域A组合实施信贷（金融）政策和技术创新政策，首先实施信贷（金融）政策，使得D点的要素投入组合成为可行的投入，然后实施鼓励技术创新政策，使得技术水平发生改变，即由等产量线Ⅰ调整到等产量线Ⅱ，从而使得D点城市在区域A的资源最优配置点，而且由于等产量线的凸集性质保证了D点一定在点C侧，因此，D点的福利是高于C点的，即第二种情况要优于第一种情况，首先实施信贷（金融）政策，然后实施促进技术进步的政策组合要好于单一的信贷政策或者创新政策。

四、结论和建议

通过上述讨论，可以得知：①区域是由多种要素及其相互作用而构成的，区域政策的范围需要根据要素可以较低成本流动的范围来确定；②自然地理因素及重要的自然地理分界线是影响要素尤其是劳动力要素流动成本（包括自然空间距离成本及心理适应成本）的重要因素，因此，自然地理界线也是确定区域政策作用范围的重要界线，需要对重要的自然地理分界线的作用予以充分的重视；③“区域”自身被认为是一种“公共物品”，在这个“区域”内，有着一定时期内不能改变的固定因素，从而很多的物品被以不同于其他“区域”的方式提供出来，在此情形下，区域政策具有合理性；④组合配套使用多种空间区域政策会比单一使用某种区域政策可以更多地改善区域的福利状况；⑤在使用多种区域政策时，区域政策的时序非常重要，本专题论述了当信贷（金融）政策和创新政策组合使用时，先实施信贷（金融）政策再使用创新类政策要优于相反的政策次序。

执笔人：刘云中

参考文献

[1] 麦克龙．英国区域政策，1961

[2] 克拉克等．牛津经济地理学手册．北京：商务印书馆，2010

[3] 张可云．区域经济政策．北京：中国轻工业出版社，2001

[4] 爱德华·格莱泽．城市的胜利，上海：上海社会科学院出版社，2012

[5] 詹姆斯，马丁．地理学思想史（增订本）．北京：商务印书馆，1989

[6] 简·雅各布斯．城市与国家财富．北京：中信出版社，1986

[7] Xavier Sala-i-Martin，Jeffrey Saches（1991），Fiscal Federalism and Optimum Currency Areas：Evidence for Europe from the United States，NBER working paper 3855

[8] Mundell，Robert（1961），A Theory of Optimum Currency Area，American Economic Review

专题三

区域协同增长与政策协同

一、引　言

区域之间重复建设、产业同构、恶性竞争等现象，是我国区域发展过程中的顽疾，如何化解这些问题，是推进区域协同增长的关键，而加强区域之间的政策协同则是重中之重。本专题将研究如何推进我国不同区域之间的政策协同，试图在更为宽泛的中央地方关系框架下，研究如何推进区域协同增长中的政策协同。

近期，国务院印发了《关于推进中央与地方财政事权和支出责任划分改革的指导意见》（国发〔2016〕49 号），对推进中央和地方相关制度安排的改革做出总体部署，国家发展改革委也印发了《关于贯彻落实区域协同发展战略、促进区域协调发展的指导意见》，为下一步实施区域战略、优化区域格局、创新区域政策、促进区域协调发展指明了方向。

本专题将在上述大背景下，采取比较研究的方法，分析在不同的中央地方关系安排下，如何处理区域协同增长中的政策协同问题，重点是比较我国和西方国家（尤其是美国）中央地方关系制度安排的异同，在借鉴国际经验的基础上提出如何推进区域协同增长中政策协同的建议。

二、地区竞争模式和区域政策协同

要回答如何推进区域之间的政策协同，首先要对我国区域发展的模式进行分析。

（一）我国已有的地区竞争模式，是改革开放以来经济社会能够获得快速发展的重要原因之一

对改革开放以来我国经济社会发展为什么能够获得巨大成功，已经有众多的讨论，而我国各个地区之间展开激烈的竞争，由此带来整体经济的活力，被众多研究者认为是其中的重要原因之一。例如张五常（2004）认为地区竞争是我国过去高速发展的真正源泉；钱颖一等人（1995、1997）提出中央与地方形成“财政联邦主义”式的制度安排，对我国经济发展具有重要作用；周黎安（2007）更为强调地区竞争下的政绩考核制度形成所谓的“锦标赛”模式，能有效调动地方官员发展经济的积极性。许成钢（2011）则认为地区竞争模式对于我国的制度创新和演进有重要意义①。

尽管对于改革开放以来中央地方关系变化以及所产生的“地区竞

① 参见张五常（2004）《我国的经济制度》，中信出版社；Gabriella，M.，Qian，Y.，and Weingast，B. R.（1995）“Federalism，Chinese Style：The Political Basis for Economics Success in China”，World Politics，48（1），pp. 50～81；Qian，Y.，（钱颖一）and Weingast，B. R.（1997）“Federalism as a Commitment to Preserving Market Incentives”，Journal of Economic Perspectives 11（4），pp. 83～92；周黎安（2007）“我国地方官员的晋升锦标赛模式研究”，《经济研究》，第7期，第36～50页；Xu，Chenggang（许成钢）（2011）“The Fundamental Institutions of China’s Reforms and Development”，Journal of Economic Literature，Vol. 49－4，P1076～1151。

争”模式的功过得失，仍存在着不少的争议。然而，过去三十多年我国经济社会发生的巨大变化，在很大程度上归因于中央与地方关系的转变和调整，现在已经成为了一种人们的共识和常识。

（二）地区竞争模式的形成与中央地方关系的演变以及相关的一系列制度安排密不可分

已有中央地方关系和地方政府激励机制的核心内容是通过一系列的制度安排，使得地方成为相对独立的利益主体，从而有效调动起地方发展的积极性，使得每个地方都争做经济增长的排头兵。以分税制为代表的财政、税收、土地、投资、外贸、金融、公共服务、政绩考核等领域一系列制度安排，尤其是中央与地方在其中的责权利划分，是目前中央地方关系和地方激励机制的重要内容，也是地区竞争模式形成的制度基础。

在地区竞争模式下，各级地方政府通过招商引资、园区建设、城市扩张等方式，采用“大产业、大项目、大投资”等手段，推动产业迅速壮大、城市飞速变化、实力快速增强，使得地方的经济社会获得迅猛发展，城市面貌日新月异，居民收入水平大幅提高。

（三）现有中央地方关系安排下所形成的地区竞争模式，带来区域之间恶性竞争等一系列问题，导致区域之间的政策难以协同

在现有地方激励机制下，形成牢不可破的“行政区经济”模式，地方更容易产生“以邻为壑”的心态和“同质竞争”甚至“恶性竞争”的行为，由此导致不同地区存在较为严重的“产业同构”“重复建设”“产能过剩”的问题；以及出现“地方保护”“行政壁垒”“市场分割”等现象，使得产品和要素难以自由流动，“市场一体化”受

阻，对在更大范围内优化配置资源、提高要素生产率和推进区域协调发展构成障碍。

（四）新常态下原有地区竞争模式亟待转型，如何促进区域的协同发展成为我国区域未来发展的关键

综上所述，已有中央地方关系和所形成的地方政府激励机制，既有成功的一面，也带来了不少的问题。总体来看，过去的中央地方关系安排以及由此所形成的地区竞争模式还是对改革开放以来我国经济社会的高速发展起到了重要的推动作用，可以说是功大于过。然而，新常态下我国经济社会的发展进入了新的阶段，目前中央地方关系和所形成的地区竞争模式，已经越来越难以适应形势的变化，日益暴露出需要调整完善的迫切要求。

地区竞争模式下政府主导经济发展的方式和手段的使用空间日益逼仄，负面效果充分显现。在过去高速增长的追赶阶段，如上所述地方政府所采用的“招商引资、园区建设、城市扩张”等方式和“大产业、大项目、大投资”等手段还可以说是有充分运用的空间和有效显现作用的余地。我国经济进入新常态后，经济潜在增长率下降、工业化进入中后期、第三产业成为主导、城镇化步伐明显放缓、环境污染严重、生态保护刻不容缓，创新转型成为大多数地区的主要任务，在这种形势下，地方政府已经难以再依靠传统的方式和手段推动本地的经济快速增长，如果还一味采用过去的模式，不仅事倍而功半，甚至将再带来“产能过剩”“地方债务”“房产泡沫”“环境污染加剧”等一系列难以承受的严重后果。

在新常态下，我国的区域发展模式应从“个别”更多转向“整体”、从“区域内”更多转向“区域间”、从“差异化”更多转向

“一体化”，更注重如何破除要素在不同区域流动的不合理限制，尽量降低要素在市场范围内优化配置的区域壁垒和流动成本，推动不同区域间的协同发展和市场的一体化。

可以看到，正是已有的地区竞争模式塑造了我国区域之间的关系，从而深深影响着各个区域的行为，也阻碍了区域政策协同的推进。在新常态下，地区竞争模式需要转型，而如何促进区域之间的协同发展成为关键。

三、不同中央地方关系下的区域政策协同

如上所述，要推进我国区域之间的政策协同，必须对已有的地区竞争模式加以调整。而地区竞争模式是中央地方关系一系列制度安排下的产物，因此要调整地区竞争模式、加强区域政策协同，就需要对中央地方关系如何完善进行分析。

（一）我国中央地方关系的特点

首先，我国采取“中央决策、地方执行”的模式。它具有重要的特点：一是中央决策范围之深之广。在理论上中央对于任何事务的决策，都是没有限制的；包括那些在影响范围原则下本可以由地方决策的事务，只要中央有意愿，都可以纳入自身的决策范围，很少有其他国家的中央（或联邦）政府在事务的决策上拥有如此大的权力。二是地方执行范围之深之广。中央极少承担具体政策的执行，它更多的是对下级政府发号施令，而不是与具体的企业和百姓直接打交道。在我国，中央本级支出和中央政府公务员所占的比例都远远低于其他国家的平均水平，我国中央本级支出只占政府财政支出的 14.6%，而英

国、美国和法国均高于50%，经济合作与发展组织国家平均为46%；中央政府公务员仅占公务员总数的6%，而世界平均水平在1/3左右（楼继伟，2014）。因此，绝大多数事务是中央政府层层委托给基层政府来执行，即使是一些有全国性影响的事务，也都有地方的参与和实施[①]，很少有国家在各类事务包括全局性事务的执行上如此依赖地方政府。

可以说，我国政府在决策权上集中程度之深之广、在执行权上分散程度之深之广，都是全球仅见的。

其次，中央拥有名义上的绝对权威、地方具有实际上的自由裁量权。在我国现有“中央决策、地方执行”模式下，随着国家整体组织和管理能力的明显增强，中央决策管辖事务的范围也大大扩展了，因而也面临着更为复杂和尖锐的“中央政令一统”与“地方情况多样”之间的冲突。由此，一方面中央加强了在名义上的决策权威，因为目前中央本级支出和中央政府公务员所占的比例都远低于地方，在中央和地方这种“头小身子大”的格局下，中央保持理论上的绝对权威是一个规模相对较小的中央在面对如此庞大的地方时，要维护政令一统的自然反应。另一方面地方加强了在执行各项事务（包括全局性的事务）中的自由裁量权。在政策的具体执行过程中，主要是依靠地方来加以实施，任何政策的实际效果都在很大程度上依靠地方政府尤其是基层政府在执行中的努力和配合，在当前政府承担事务的覆盖面和复杂程度不断增加的情况下，地方所具有的自由裁量权也不可避免地有所增加。目前“中央拥有决策上绝对权威”“地方具有执行上自由裁量权”并存的局面，形成了中央和地方双方互为依靠、互为制约的独

① 例如一般认为专属中央的国防事务中，一些边境地区国防道路的修建，也需要地方的资金、人力等配套；或者全国性生态资源空间的保护管理，也主要由地方来具体实施。

特状态。

再次，各级政府形成“部门同构、事权共担”的格局。在“中央决策、地方执行”模式下，中央决策大多是由中央的各职能部门来做出的，与此同时又通过各级政府层层下达和贯彻执行。为了保证中央决策能够贯彻到位，不同层级政府的部门设置往往是相一致的，形成“上下一般粗”的格局。即使是较为基层的政府，也是“麻雀虽小、五脏俱全”，其职能部门的设置也要与上级政府大体保持一致。因为在现有中央地方关系下，基层政府的部门承担着具体执行的任务，上级政府各个不同职能部门的决策最终是要通过基层部门来加以落实，即一般所说的“上面千条线、底下一根针”，所以不同的上级职能部门都需要在基层政府有各自相应的执行部门来具体落实决策。

与此同时，“中央决策、地方执行”模式下各级政府都在同一项事务上共同行使事权。由于各级政府是“事权共担”的，那么一个事项没有办好，有可能是中央政府的决策有误，也可能是省级或市级政府传达贯彻不力，又可能是基层政府没有好好执行，很容易形成各级政府责权不对等、互相推诿的局面。虽然在众多事项的责任归属上，中央都一再声明要“地方政府负总责”，但这更多的是在强调地方的执行落实责任，如果中央的决策有问题，那么也很难将板子都打在地方政府身上，所以各级政府“事权共担”极易形成“责任模糊”的后果。

最后，各级政府的关系主要通过行政方式加以调节，规范化和法治化程度较低。目前我国各级政府间的关系是一种“行政主导”模式，较少采用“人大立法”的方式，更多依据主管部门制定的法规条例，很多情况下只是根据部门发布的“通知”“通告”等红头文件，各级政府的责权大多缺乏明确、翔实的法律条文来加以界定①。不同层级政府的责权划分主要通过行政方式加以规定，带有较强的随意性和不确定性，容易带来“因事而异、因人而异、因时而异”的结果，很难形成一种相对稳定、可预期的环境，也导致各级地方政府的机会主义行为，例如各种“跑部进京”“跑部钱进”的现象。

此外，责权划分规范化和法治化程度较低，也加剧了各级政府的责权不清。在“中央决策、地方执行”模式下所形成的“事权共担”的局面，较为容易发生各级政府“责权不对等”和“责任模糊”的情况，而行政主导下责权划分的随意和不确定，更是加剧了这一问题的严重性。各级政府的“事权共担”则意味着“责任共担”，而“事权划分规范化和法治化程度较低”的结果必然会导致不同层级政府间的“责任归属模糊”。

此外，由于在“行政主导”的关系模式下，地方政府的责权并没有明确详尽的法律规定，如果地方政府对此产生异议，也缺乏程序化、公开化的渠道加以申诉，更多只能是通过与上级主管部门的非正式协商沟通加以解决②，地方政府的权力难以得到法律的明确界定和司法途径的有效保障。例如按照我国《宪法》第一百一十条的规定，地方各级人民政府秉持“对本级人民代表大会负责”和“对上一级国家行

---

① 《国务院关于推进中央与地方财政事权和支出责任划分改革的指导意见》中明确提出：“要将中央与地方财政事权和支出责任划分基本规范以法律和行政法规的形式规定，将地方各级政府间的财政事权和支出责任划分相关制度以地方性法规、政府规章的形式规定，逐步实现政府间财政事权和支出责任划分法治化、规范化”。参见《国务院关于推进中央与地方财政事权和支出责任划分改革的指导意见》，国发〔2016〕49号文。

② 《国务院关于推进中央与地方财政事权和支出责任划分改革的指导意见》提出：要“明确政府间财政事权划分争议的处理”，并建议“中央与地方财政事权划分争议由中央裁定，已明确属于省以下的财政事权划分争议由省级政府裁定”，然而究竟由哪个部门、采取怎样的方式、经由哪些程序加以裁定，《意见》并未进一步明确。参见《国务院关于推进中央与地方财政事权和支出责任划分改革的指导意见》，国发〔2016〕49号文。

政机关负责”的“双向负责制”，然而如果两者之间产生矛盾或冲突，却没有相应明确的法律条文或程序化、规范化的调解机制，更多只能采取“一事一议”的方式解决。

（二）我国现有中央地方关系下的区域政策协同

在我国现有“中央决策、地方执行”的模式下，推进区域之间的政策协同面临着一些根本的困难。

一是地方政府不是真正意义上的自治单位，没有中央部门的参与，不同地方之间难以形成有效的政策协同。由于在理论上各级地方政府都只是中央政策的具体执行单位。所以在法律意义上，各级地方政府都不是自足的决策部门，它们互相之间也很难推进具有立法意义的政策协同。可以看到，我国许多区域之间的政策协同，例如一些区域合作的行政协议（如长三角地区的《长江三角洲旅游城市合作宣言》《长三角运输合作和一体化协议》，珠三角地区的《粤港合作框架协议》《粤港合作框架》等[①]），更多只是具有宣示和象征意义，很难有真正的政策效果。

而目前具有实质意义的政策协同，是发生在京津冀地区。京津冀地区颁布了《京津冀协同发展规划纲要》，并配套颁布了《京津冀协同发展交通一体化规划（2014—2020年）》《京津冀协同发展土地利用总体规划（2015—2020年）》《京津冀协同发展生态环境保护规划》等一批重要规划，并且在推进交通、土地利用和生态环境保护等方面的协同发展也取得了重要的进展[②]。而京津冀地区之间的政策协同之所以能够取得实质效果，是与中央的直接领导和参与密不可分的。在

① 陈光：“区域立法协调机制的理论建构”，人民出版社2014年版，第2页。

② 京津冀协同发展领导小组办公室：“京津冀协同发展三年初见成效”，2017年3月。

组织架构上，国家层面成立“京津冀协同发展领导小组”和相应的专家咨询委员会，领导小组的组长和咨询委员会主任分别由张高丽副总理和徐匡迪院士担任，此外还在国家发改委设立了“京津冀协同发展领导小组办公室”，专门负责推进相关的工作。在地方层面，北京、天津、河北分别成立了“京津冀协同发展领导小组”，各组的组长均为各地区的一把手。而在部委层面，有的部委也设立了相应的机构，例如交通运输部成立了“推进京津冀交通一体化领导小组”及其办公室，由交通运输部部长任组长，其他部门领导和三省市分管副省（市）长担任副组长。

二是地方政府在政策具体实施上有较大的自由裁量权，在地区竞争模式和各自利益的推动下，很容易产生“以邻为壑”的行为，而中央政府对此难以有足够的约束力量。在“中央决策、地方执行”模式下，中央部门很少参与政策的具体实施，地方政府在行政区经济的体制下，难免会有一些不当竞争、甚至恶性竞争的行为，但中央部门却难以做到有效的制约，由此也对区域之间的协同发展带来负面影响。

总体来看，在目前我国“中央决策、地方执行”的模式下，不同区域之间尤其是跨省之间要形成有效的政策协同，必须要有中央强有力的引导和参与，然而中央的注意力和资源是有限的，不可能针对每一个需要协同发展的区域，都成立一个中央层面的领导小组并配备相应的资源。因此，表面来看我国区域政策协同所面临的问题是地区竞争模式下中央相关的注意力和资源不够，根本上则是“中央决策、地方执行”的制度安排需要进行调整。

（三）美国地方政府之间的合作和协同

相比于我国，美国地方政府之间政策协同的特点为：

一是地方政府数目繁多、相关制度构建极其复杂。美国目前拥有87849个地方政府[①]，在数量如此庞大的地方政府中，县政府为16506个，市政府13522个，镇政府3034个，学校特别区政府19431个，其他特别区政府35356个（美国调查局，2003年）。仅芝加哥都市地区就有大约1000个各种不同类型的、在辖区上互有重叠的地方政府单位，其中有318个普通型政府、362个特别区政府、261个独立学区[②]。从法律上来看，美国地方政府分为两类，一类是自治法人[③]，即市、村、新英格兰地区所有镇、学区，相对较少的有单独书面宪章的县；另一类是准法人[④]（quasi corporation），即大多数县、镇区和特区。检验一个地方政府是否为自治法人的方法是看它是否享有自治政府的权力和权利，而不仅仅是享有执行性权力。县、镇区等地方政府从严格意义上，并不完全符合自治法人要求，因此只能称之为准法人。由于公民和团体为了某些特定的目的（地方学校建设管理、地下水使用管理等），可以根据相关制度规定建立组织特定功能的地方政府（特殊型政府），例如学区特别区政府或者流域特别区政府。这样所带来的结果是地方政府数量极其庞大、种类名目繁多。尽管许多特别区政府，实质上只是一种公民自治组织，它的功能明确、构建运行都较为简单，

---

① 参见奥斯特罗姆等：《美国地方政府》，北京大学出版社2004年版，第2页。可供对比的是我国地方政府的数量：2014年拥有333个市、2854个县和40381个乡镇（资料来源：《我国统计年鉴2015》）表1－1：全国行政区划。

② 美国的地方政府按其功能，可分为：普通型或普遍目的（general purpose）：包括县、自治体和镇区，其权限和服务范围较广；特殊型或特定目的（special purpose）：包括学区和特区，通常履行单一的政府功能，由特殊的征税方式筹集经费。参见刘彩虹："整合与分散——美国大都市区地方政府间关系探析"，华中科技大学出版社2010年版，第2页。

③ 自治法人必须具备以下要素：（1）依照州宪法或法律成立；（2）一份宪章；（3）特定的人口与地域；（4）领土内居民同意设立法人；（5）法人名称；（6）享有地方自治的权力。

④ 根据法人人格（权利能力）来自于公法或私法，法人分为公法人（public corporation）与私法人（private corporation）。公法人是根据公法创设的具有完全权利能力的组织体，可分为自治法人（municipal corporation）和准法人（quasi corporation）。参见刘彩虹："整合与分散——美国大都市区地方政府间关系探析"，华中科技大学出版社2010年版，第19～20页。

与我国意义上的地方政府有着根本性的区别，但也造成了交错重叠、数量巨大的地方政府格局。

二是政府间合作的方法多种多样，区域政策协同各具形式。美国地方政府数量和种类如此之多，相互之间的合作也采取了各种形式。包括：①成立区域委员会，例如区域规划委员会或政府联合会。区域规划委员会起源于20世纪20年代，其关注点是土地和基础设施的利用和发展。全美大约成立了15个区域规划委员会，最著名的是纽约区域规划协会，它制定的“纽约大都市区规划”，涉及纽约、新泽西和康涅狄格三个州，面积达5528平方英里[①]。②共同权力协定，即两个或两个以上的政府共同建造和管理某些设施或共同提供某些服务，它包括共同设施协定和共同服务协定两种形式。③职能转移，即一个地方政府将某种职能永久性地转移到另一个地方政府。由于某些服务由一个大的政府单位提供，能够实现规模经济，所以某些较小的自治体就会将一些职能转移给更大的地方政府。例如威斯康星州的麦迪逊市就将管理机场的职能移交给了戴恩县。④政府间服务合同，政府间服务合同是两个或两个以上政府签订的具有法律约束力的协议，根据协议规定，其中一个政府同意按照议定的价格向另一个政府提供某些服务，服务的质量和数量都可在合同中约定；⑤一揽子服务协议：许多地方政府尤其是郊区自治体由于规模太小，于是便采用向某个政府购买一揽子服务的机制，将服务的生产和提供分离开来，由规模较大的自治市、县或特区利用规模经济负责生产，而小社区向这些大的政府单位购买服务以提供给居民。⑥非正式合作。与签订书面备忘录和协定的正式合作不同，非正式合作通常是口头的非正式协议，

① 谷海洪：“由‘第三部门’主导的区域规划的成功范例——纽约大都市区规划”，载于《国际城市规划》，2007年第22卷第5期。

它可以是简单的信息共享或交流，也可以是允许一个政府使用另一个政府所拥有设施的口头协定。在那些跨越州甚至国家边界的大都市区，非正式合作是地方政府间合作的重要方式之一。例如得克萨斯州的埃尔帕索市与墨西哥的华雷斯城开展了许多非正式的合作，它们不是“低层次的外交条约，与联邦政府也无多大关系，只是制订了几项合作计划……而且许多都是建立在埃尔帕索和华雷斯城地方官员的默契之上”①。

（四）美国中央和地方关系下的区域政策协同

美国地方政府的各种形态和多种多样的合作和协同形式，是与其中央地方（联邦和州）关系的制度安排密不可分的。

美国的国家制度构建是基于个人权利之上的，逐步形成个人—团体—社会以及个人—乡镇—州县—联邦的格局。首先，这种基于个人权利和契约方式（显性或隐性）所形成不同层级的治理架构具有复合共和制的特点。也就是说，国家治理不是单一层级或一元方式的（例如中央政府对全体居民的所有事项在理论上负总责，再通过地方政府层层代理从事具体事务），而是多个层级和多元方式。在不同层级下，各个治理主体都有其负责事务和相应的权限范围，依据民主责任制的原则进行治理。所以，小到一个公民团体（例如俱乐部），大到一个地方政府甚至联邦，尽管处理的事务复杂程度天差地别，但其背后的根本逻辑是一样的，都建立在个人权利和契约方式之上的，只不过是个人根据不同事务的需要组建不同层次的治理共同体，再通过民主（直接民主或间接民主）的方式来参与治理。

① 刘彩虹：“整合与分散——美国大都市区地方政府间关系探析”，华中科技大学出版社2010年版，第162～173页。

其次，在复合共和制下的治理方式呈现出多中心治理的特点。正因为不同的治理层级和治理主体（直接或间接）都来自个人的授权，最终都向人民直接负责，因此得到这种授权的不同治理层级之间在级别上并无上下级关系，大多治理主体和层级都是独立的，它在自身所涉及的事务范围内具有最终的自主和自治权利。联邦政府并不是州政府的上级，州政府也不是自治政府的上级，以此类推。所以复合共和制下的国家治理体系中，各种权力最终都来源于个人，但又根据事务范围的不同衍生出多个治理主体或治理中心。

最后，复合共和制下的不同层级治理主体与个体呈现的是重叠治理的关系，也就是每个公民是与各个治理主体同时打交道。从政府治理的角度来看，不同层级政府都是直接与老百姓发生关系，它们之间治理的地域和群体高度重合[①]。换而言之，一个公民同时处于多个层级政府的直接管理之下，尽管它们之间在所负责的具体事项上有着明显的区分。举例而言，一个美国公民会向管辖其的不同层级政府同时交纳各种相应的税，例如联邦的个人所得税、州的个人所得税、州的房产税、县的房产税、学区政府的房产税等。

奥斯特罗姆描述了美国复合共和制下的这种多元治理和重叠治理的特点："每一个政府，包括州政府和全国政府，都被设计得具有其自己的意志，并在本质上相互独立。每一个政府都能够代理公民个人，关心个人的希望和恐惧，拥有一切手段，并有权采用一切方法，以执行委托给它的权力。那些可以分别提供的事务，则根据自治原则，有各州内的政府处理。那些需要共同关心的事务，不能由各州分别处理，

① 刘海波："中央与地方关系的法治化研究"，博士后研究工作报告，中国社会科学院法学研究所，2007 年，第 7 页。

则要根据共存运作的自治原则由有限的全国政府处理。”①

在上述中央和地方（联邦和州）的制度安排下，相比于我国，美国地方政府在推进区域政策协同上有如下根本优势。

一是地方政府拥有足够的自治权力来签署各类正式和非正式的协议。由于各级政府是分层治理的，按照影响范围原则来划分不同层级政府的责权利关系。因此如果一个事项是全国或跨州范围的，那么由联邦政府部门加以管辖；如果一个事项是地方范围的，那么由地方政府来管理。正是这种多中心治理的特点，保障了地方政府有足够的权限按照本辖区人民的利益，与其他地方政府开展各种各样的合作，推进区域之间的政策协同。

二是联邦政府拥有较强的能力来约束地方政府的不当行为。按照影响范围原则，全国和跨州事务由联邦政府管辖，美国的联邦政府在开展这些事务时，不仅仅只是决策，政策的具体执行也大多由联邦部门来承担。例如美国的联邦环保署，有分布于全美各地的 10 个大区办公室，联邦环保署的近两万名雇员，大部分分布在总部以外的各地区办公室和实验室，直接从事具体的管理业务②。因此一旦在联邦政府管辖范围的事务，联邦政府对此有相当强的执行能力，能够有效防止各级地方政府的不当竞争行为。

三是美国拥有较为完善的立法和司法体系，各级地方政府的权责利划分的法治化水平比较高。美国中央与地方关系制度安排另一个经常为人所称道的优点是其较为成熟的宪政和司法调节体系，在美国联邦与州关系的构建中，司法实践发挥着至关重要的作用。美国的宪法条文更多是体现了一些重要原则、具体规定了一些根本方

---

① 奥斯特罗姆：《复合共和制的政治理论》，上海三联书店 1999 年版，第 7 页。

② 铁燕：“我国环境管理体制改革研究”，武汉大学博士学位论文，2010 年。

法，至于这些原则和方法如何在具体的现实中应用，则是在漫长历史过程中依靠持续的司法实践去不断充实和调整的。所以美国宪法中固定的条文保证了稳定性，而具体的司法实践又保证了灵活性，这点在调节联邦和州权限范围的“州际贸易条款”作用的历史演变中体现得尤为明显。联邦的权限范围凭借“州际贸易条款”逐渐扩展，从“劳工保护”到“种族歧视”，只要调控事项和州际贸易之间的联系存在着“理性基础”，最高法院就会肯定国会出台的相关法律的合宪性[①]。

总体来看，美国在推进不同区域的政策协同方面，既有地方政府数量太多、形式极其复杂，过于依赖司法体系，协调成本和运行成本高昂的缺点；也有不同层级政府的权责划分较为合理、地方政府权限能够得到法律保障、法治化水平较高等优点，而这些无疑是我国破解地方发展难题、推进区域之间政策协同所值得借鉴和学习的。

四、政策建议

从中央地方关系的角度来分析我国区域政策协同难以开展的症结：一是地方自主权限不足；二是中央约束能力有限，这又与我国现有的中央地方事权划分和“中央决策、地方执行”模式有密切关系，因此从根本上看，要推进我国区域之间的政策协同，必须对现有的中央和地方关系加以完善，其中的核心是要厘清不同层级政府的责权利关系。

① 张千帆：《西方宪政体系》（上册），中国政法大学出版社2000年版，第145～146页。

（一）按照影响范围原则来区分不同层级政府的责权利关系，符合理论的要求和国际的经验，是调整中央和地方关系的根本原则，应根据此原则厘清各级政府的责权利关系，并推进相应的配套改革

按照影响范围原则来划分各级政府的责权利关系，既能有效保障地方政府的自主权限，又能促进中央政府的约束能力，一直以来都是推进中央地方关系改革的重要方向，符合事权划分的理论要求和国际上许多成功国家的经验。然而在现实中，此项改革却遭遇很大的阻碍，困难重重。究其根本原因，是目前的中央地方关系以及由此派生出的“中央决策、地方决策”模式和“部门同构、事权共担”体制，无法遵循按影响范围原则来划分不同层级政府责权的要求。因此，要推进按照影响范围原则来区分不同层级政府责权利关系的改革，必须对“中央决策、地方决策”模式和“部门同构、事权共担”体制加以调整，但此一调整影响重大，是对现有中央地方关系的根本性变革，涉及的是各个领域方方面面的权责调整。以往改革的不成功，很大原因是将其局限在财政领域内来看待问题，事实上要想仅在财政范围内开展上述根本性的改革，是不可能的。所以，要想真正实现按照影响范围原则划分中央地方的责权利关系，必须站在更高的层面、具有更大的动力和决心来推进相关的配套改革。

（二）推进中央和地方关系的法治化，是调整中央地方关系、推进区域政策协同的重要方向，应将提高事权划分的规范化和法治化水平作为工作的突破口

按照影响范围原则厘清中央和地方关系的责权利边界，是对现有中央集权制以及“中央决策、地方决策”模式和“部门同构、事权共担”体制的重大调整，涉及的事务方方面面、千头万绪。那么该从何开始？又如何保证改革能够平稳有序而不带来严重的混乱或重大的失误呢？改革突破口的选择至关重要。从目前来看，虽然对于在不同领域中央和地方各自到底应该管多少、具体权责如何分配以及中央部门如何向地方下放权力、怎样下放权力等一系列问题都存在巨大的争议和分歧，在现实中的推进也遭遇众多的困难，但对于提高中央和地方关系的规范化和法治化程度、贯彻依法治国的理念，还是具有广泛的共识[①]。

所以，应该将提高规范化和法治化水平作为目前中央地方关系改革工作、推进区域政策协同的突破口，它主要包括两方面的内容：一是提高中央和地方责权利划分的法治化水平，目前中央和地方的责权利划分，主要通过行政方式进行，存在大量的模糊和不确定性，因此要尽可能地用法律条文将其明确化、清晰化；二是提高中央和地方解决分歧的法治化水平，应该建立公开化、程序化的渠道来解决不同层级政府之间的纠纷，增强司法调节在其中的作用。

推进按照影响范围原则区分不同层级政府的责权利关系，其中的困难之一是如何明确划分各种事务的影响范围属性。在很多情况下，一些事务既有全局影响又有地方影响，因此该项事务的责权到底应该归属中央政府还是地方政府，并不是那么一目了然的，而是存在许多争议。与此同时，即使是中央的事务，考虑到便利性、信息复杂度等各种因素，也不是都由中央部门“一竿子到底”，许多还是交由地方来执行。在这种情况下推进中央和地方关系的事权改革，区分一项事务责权的归属非常重要，但比责权归属更重要的是提高这种责权划分的规范化和法治化水平。

---

① 参见熊文钊（2012）《大国地方——中央与地方法治化研究》；张千帆等（2009）《中央与地方关系的法治化》；封丽霞（2008）《中央与地方立法关系法治化研究》。

在目前的事权划分改革中，已经明确了“适度加强中央事权和支出责任，国防、外交、国家安全、关系全国统一市场规则和管理等作为中央事权”以及将“区域性公共服务作为地方事权”的方向。可以看到，完全属于中央的事权和完全属于地方的事权都是少数，而且是相对比较容易厘清的，绝大多数财政事权，都会是中央和地方的共担事权，其中中央委托地方执行的事权又会占据绝对的比重，这些事权的划分将会是改革的难点。目前大量的这种事权划分很多依据的是各个职能部门的红头文件，充满了随意性和不确定性。因此，要将中央和地方事权划分的法治化，尤其是中央各部门委托地方事务的规范化作为突破口①。

（三）及时将规范中央与地方关系的行政文件上升为法律法规，并考虑制定相关的“中央与地方关系法”

目前许多规范中央和地方关系的重要制度安排，只是通过行政文件的方式加以确定，其权威性和规范性的程度有待提高，应及时将这些行政文件上升为法律法规，例如中央和地方税收安排等一系列文件。

此外，应该考虑制定相关的“中央与地方关系法”，这也是重构中央与地方关系、建立地方新激励机制的必然举措。出台像“中央与地方关系法”这样规范中央和地方关系的一部法律，此类的建议由来已久，然而都因牵涉面过广、难度太大而始终停留在建议层面。如果暂时还无法出台一部规范中央和地方关系的综合性法律，那么可以考

---

① 以日本的地方分权改革为例，其中的一个主要目标是：“尽可能地缩小各省厅对细节部分的行政统制，特别是摒弃没有法令明文依据的通知通告等不透明的干预，彻底贯彻‘依法行政’的理念”，将原先中央省厅委托给地方执行的“机构委任事务”，明确区分为由地方自行决策实施的“自治事务”和有法律明文规定的“法定受托事务”，从而实现中央委托地方事务的法治化，参见西尾胜：《日本地方分权改革》，2013 年，第 17～18 页。

虑一些专门的法律，例如针对中央与地方事权划分的法律条令，事实上目前已有大量的文件表述了相关的原则和内容，如果能够提升这些文件表述的权威性和规范性，制定专门的法律法规，将会有力地推进下一步的事权划分改革。

中央和地方关系法治化水平的提高，一方面有利于保障地方自主权限，能够从法律上确保各级地方政府开展政策协同的积极性和主动性；另一方面也有助于中央政府通过法律手段加强对地方的调控，改变以往过于依靠行政手段的弊病。

（四）加强立法和司法，建立健全中央和地方关系的调节机制，促进区域之间的政策协同

在“行政主导”的中央地方关系模式下，中央的政令一统主要通过行政命令的层层传达来实现，如果推进不同层级政府的事权划分改革，调整“中央决策、地方执行”和“部门同构、事权共担”的格局，必然将对如何保证中央的政令统一构成挑战。在此环境下，加强“司法的统一性”将成为重中之重。在原有中央地方关系格局下，存在司法属地化的现象以及由此导致“司法不一致”的情况。

为此要加强司法的独立性。首先是法官判案的独立性，推进审批独立和审批公开。应该加快法院的去行政化，需要“建立符合职业特点的司法人员管理制度”，“完善司法人员分类管理制度”，使得法官真正由具有专业素质的人员来担任，建立法官终身制。其次是法院相对于地方的独立性。目前已经明确提出“推动省以下地方法院、检察院人财物统一管理，探索建立与行政区划适当分离的司法管辖制度[①]”，但光在

① 参见党十八届三中全会《中共中央关于全面深化改革若干重大问题的决定》，2013 年 11 月 12 日。

省级层面加强法院的独立性还不够。对于跨省、跨地区的案件，应该明确由最高法院设立巡回法院和上诉法院来审理，涉及全国层面和跨地区层面事务的司法权的中央化[①]，是中央与地方关系法治化的重要一步，也是加强司法的独立性的重要举措。可以在行政系统内部设立相应的司法机构，条件成熟时可以在最高法院下设立宪法法院[②]，负责终审中央与地方的纠纷。上述“中央与地方关系法”或《中央地方事权划分条例》最重要的部分是确定地方政府的相关权力，在原则上划定中央与地方的界限；行政系统内的“中央与地方关系仲裁委员会”是处理一般性的中央与地方、地方与地方之间纠纷的司法仲裁机构，而更重要的案件可交由宪法法院来加以审理。

要在现有“行政主导”模式下推进司法调节在处理不同层级政府之间争议的作用，难度很大。然而如果只是制定了关于中央与地方关系的法律或中央地方事权划分的法规条文，却没有相应的司法案例，那么“徒法不足以自行”，相关的法律条文更多可能会成为摆设。从根本上看，要让中央和地方关系能够真正走上法治化的轨道，必须发挥出司法调节在其中的作用。

（五）进一步发挥各级地方人大作用，推进地方治理的民主化，构建区域统一的法治体系，是调整中央地方关系、促进区域间政策协同的另一重要内容

中央和地方关系能否理顺，区域间政策协同调整能否推进，从长

① 王旭：“论司法权的中央化”，载于《战略与管理》2001 年第 5 期。

② 也有提议“在全国人大监督下设立司法性质的中央与地方关系司法委员会”，最终负责处理中央与地方的纠纷，参见车海刚：“探索构建适合国情的央地争端解决机制——实现中央和地方关系法治化的一个思路”，载于《中国发展观察》2014 年第 1 期。

远来看，离不开地方自治的构建和完善。只有充分发挥地方百姓对于地方政府的制约和监督，中央政府才可以放心地将更多的权力交由地方行使。否则权力下放越多，中央政府监督责任越重，如果件件地方事务都需要中央的监督，中央部门即使再扩张也是不可能完成任务的。正如前所述，目前的区域政策协同要想取得实质性效果，离不开中央的领导和参与，然而中央政府的注意力和资源有限。如果各个区域之间的协同都需要中央政府来带动，中央政府是既没有精力也没有资源的，因此从根本上看，推进区域间政策协同还需要依靠各级地方政府之间的自身努力。

为此，要进一步发挥各级地方人大的作用，促进区域之间的法制统一是推进区域政策协同的重要内容。通过构建区域内统一的法治体系，保障区域间发展政策的一贯性和连续性，有效约束地方政府从本地出发的各行其是行为；促进实现市场秩序规则的融通，满足区域间稳定、有序、公平的竞争环境以及和谐的区域经济协作的要求①。

执笔人：宣晓伟

参考文献

[1] Gabriella, M., Qian, Y., and Weingast, B. R. "Federalism, Chinese Style: The Political Basis for Economics Success in China", World Politics, 1995, 48 (1)

[2] Qian, Y., and Weingast, B. R. "Federalism as a Commitment to Preserving Market Incentives", Journal of Economic Perspectives, 1997, 11 (4)

[3] Xu, Chenggang. "The Fundamental Institutions of China' s Reforms and Development", Journal of Economic Literature, 2011, 49 (4)

[4] 周黎安．我国地方官员的晋升锦标赛模式研究．经济研究，2007 (7)

[5] 张五常．我国的经济制度．北京：中信出版社，2004

① 凌斌等："推动京津冀协同发展立法问题研究"，北京大学法学院，2015 年 12 月。

[6] 陈光. 区域立法协调机制的理论建构. 北京：人民出版社，2014
[7] 京津冀协同发展领导小组办公室. 京津冀协同发展三年初见成效，2017 年 3 月
[8] 奥斯特罗姆等. 美国地方政府. 北京：北京大学出版社，2004
[9] 刘彩虹. 整合与分散——美国大都市区地方政府间关系探析. 武汉：华中科技大学出版社，2010
[10] 谷海洪. 由“第三部门”主导的区域规划的成功范例——纽约大都市区规划. 国际城市规划，2007，22（5）
[11] 刘海波. 中央与地方关系的法治化研究. 博士后研究工作报告，中国社会科学院法学研究所，2007
[12] 奥斯特罗姆. 复合共和制的政治理论. 上海：上海三联书店，1999
[13] 铁燕. 我国环境管理体制改革研究. 武汉大学博士学位论文，2010
[14] 张千帆. 西方宪政体系（上册）. 北京：中国政法大学出版社，2000
[15] 熊文钊. 大国地方——中央与地方法治化研究. 北京：中国政法大学出版社，2012
[16] 张千帆等. 中央与地方关系的法治化. 上海：译林出版社，2009
[17] 封丽霞. 中央与地方立法关系法治化研究. 北京：北京大学出版社，2008
[18] 西尾胜. 日本地方分权改革. 北京：社会科学文献出版社，2013
[19] 王旭. 论司法权的中央化. 战略与管理，2001（5）
[20] 车海刚. 探索构建适合国情的央地争端解决机制——实现中央和地方关系法治化的一个思路. 中国发展观察，2014（1）
[21] 凌斌等. 推动京津冀协同发展立法问题研究. 北京大学法学院，2015 年 12 月

专题四

区域协同增长与区际产业分工

——基于价值链分工的分析

一、引 言

改革开放以来，中国经济保持了长期持续的高速增长态势。这既得益于国内的经济体制改革和制度创新，也与中国积极融入全球产业分工密不可分。中国充分利用优惠政策和自身的成本优势，顺应全球产业转移的大趋势，积极融入全球市场，集聚了大量国外高级生产要素，形成了巨大的生产和出口能力，推动了国内经济的持续增长。同时中国的发展也推动了全球经济的快速增长，可以说这是中国与全球实现协同发展的过程。

近些年来，随着基础设施和信息通信技术的发展，全球分工不断深化，由开始生产和消费的分离，逐渐发展到产业间、产业内分工，再到目前的产品内分工或者生产环节的分工。这种国际分工也被称为"全球价值链"（Global Value Chains，GVCs）分工。

与此同时，随着中国经济进入新常态，国内外环境发生较大变化。从全球来看，受人口老龄化等结构性因素的影响全球经济增长的速度将很难回归过去几十年的水平。从国内来看，随着人口年龄结构的变化和发展水平的提升，国内要素的成本快速提高，传统的竞争优势不断减弱。而且国内区域之间发展的相对优势正在经历变化，随着东部地区的率先快速发展，其要素的稀缺性更快凸显，东部地区与中西部地区的劳动力、土地等要素成本和生活成本的绝对差距不断扩大。与西部地区相比，东部地区在要素成本方面越来越不具有优势。同时随着基础设施的发展和全方位开放战略的推进，中西部地区战略地位和区位优势将有所增强。

随着分工模式的变化，推动国内区域协同发展就是要推动国内不同区域更高水平和更大范围地参与价值链分工，打造更有竞争力的国内和国际价值链，通过价值链带动区域协同发展。因此本专题将从价值链分工出发，研究国内区域价值链分工的态势，为区域协同发展下的产业分工提出政策建议。

二、价值链分工的研究方法

近年来，逐渐兴起的基于投入产出模型的贸易增加值测算和分解方法为研究全球价值链提供一整套新的理论体系，改变人们基于传统的国际收支和贸易统计对国家之间经济联系的认识。基于这一理论背景，本专题试图通过将国内区域投入产出表嵌入全球投入产出表，基于 KWW（2014）提出的增加值贸易测算和分解框架，对国内各地区参与产业的价值链分工予以分析。

KWW（2014）将双边总贸易流量分解为 16 个增加值和重复计算

部分[①]。从概念上讲，这16个部分可以归纳为以下4大类：①最终被国外吸收的国内增加值（简称DVA）；②返回的国内增加值：这一部分国内增加值先被出口至国外，但又隐含在本国从其他国家的进口中返回国内并最终在国内被消费（简称RDV）（虽然这部分增加值不构成一国的增加值出口，但却是出口国GDP隐含于出口中的一部分）；③用于生产本国出口的外国增加值（简称FVA）；④中间品贸易的纯重复计算部分（简称PDC），这是由于中间产品贸易多次跨越国界引起的。这些中间贸易交易值不构成任何国家的GDP或最终需求，类似于用一种中间投入品生产另一种中间投入品的国内产业间交易。由于所有的跨国贸易交易都会被各国海关当局记录，因此这一部分重复计算包含于总贸易统计中。而国内中间投入品贸易则不同，在通过行业统计来核算GDP时，所有中间投入品的价值都必须从总产出中扣除，以避免重复计算。

Wang等（2013）提出的总贸易核算法不仅限于对出口总值上述四个主要部分的分解，还可进一步将这四部分进一步分解为具有不同经济含义的更详细的组成部分。例如，一国某一部门出口中隐含的FVA可以进一步分解为来自不同生产国的增加值；DVA可以根据其被

① 16个部分分别为：(1) 最终出口的国内增加值；(2) 直接被进口国生产国内最终需求吸收的中间出口国内增加值；(3) 被进口国出口至第三国并被第三国生产国内最终需求吸收的中间出口国内增加值；(4) 被进口国生产最终出口至第三国吸收的中间出口国内增加值；(5) 被进口国生产中间出口至第三国最终以最终进口返回第二国吸收的中间出口国内增加值；(6) 被进口国生产最终出口返回国内吸收的中间出口国内增加值；(7) 被进口国生产中间出口至第三国最终以最终进口返回国内吸收的中间出口国内增加值；(8) 被进口国生产中间出口返回国内生产国内最终需求吸收的中间出口国内增加值；(9) 被进口国生产中间出口返回国内生产最终出口吸收的中间出口国内增加值（中间出口与最终出口的重复计算）；(10) 被进口国生产中间出口返回国内生产中间出口的中间出口国内增加值（中间出口与中间出口的重复计算）；(11) 最终出口的进口国增加值；(12) 中间出口的进口国增加值；(13) 中间出口的进口国价值重复计算部分；(14) 最终出口的第三国增加值；(15) 中间出口的第三国增加值；(16) 中间出口的第三国价值重复计算部分。

最终吸收的不同渠道，进一步分解为隐含于最终出口中，隐含于被直接进口国吸收的中间出口品中，或者隐含于被直接进口国用于再出口生产的中间出口品中的不同部分。具体的分解关系可见图4－1。

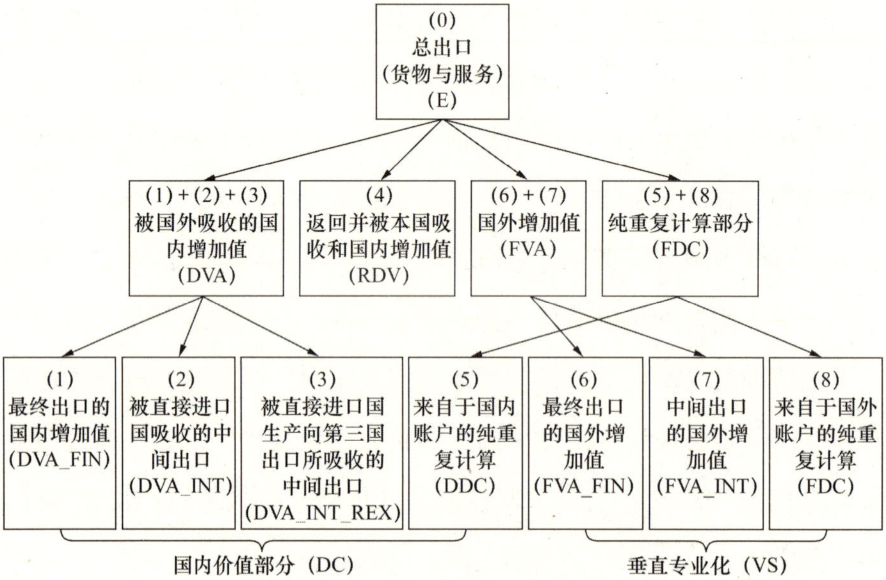

图4－1　总贸易核算法的基本概念框架

注：E适用于任何层级的总贸易统计数据：国家/部门层面、国家汇总层面、双边/部门层面或双边汇总层面。DVA和RDV是基于部门间的后向联系计算的。

资料来源：转引自Wang等（2013）。

本报告将沿用WWZ方法（2015），不过为了用于国内价值链的分析本研究进行两个方面的拓展。这一拓展也是本研究与目前已有关于国内省级出口和国内区域贸易价值分解方法的最大差异。基于前面构建的全球投入产出表，本研究对上述WWZ分解方法进行了拓展。在中国作为整体时，贸易对象只能是国外的国家和地区，除了贸易对象外涉及的第三方也只有国外的其他国家和地区；而在以省作为研究主体时，贸易对象既可能是国外（出口），也可能是国内其他省份（省际调出），而且涉及的第三方除了国外的其他国家和地区外，还涉及国内的其他省份。因此本研究在WWZ方法基础将各省份对外贸易

（包括出口和省际调出）分解成四个部分，即本省的增加值、国内其他省份增加值、国外增加值和重复计算部分。

在前面分解的基础上，这里沿用 Hummels 以及王直等人提出的垂直专业化指数的方法。设计了国内各区域参与全球价值链的 VS_ GVC 和 VS_ DVC 这种指数来反映国内各区域参与全球价值链和国内价值链的程度。VS_ GVC 测度的是各省出口中隐含的进口价值；VS_ DVC 测度的各省省际调出中隐含的国内其他省份的调入价值。具体的测算公式如下：

$$VS\_\ GVC = \frac{FVA + PDC}{E}$$

$$VS\_\ DVC = \frac{FVA + PDC}{DE}$$

其中，和分别表示国内某一省份出口包含的国外的增加值和由于中间品贸易带来的重复计算的部分。表示的某一省份的省际调出中包含的国内其他省份的增加值。另外 FVA、PDC 和 PVA 具体对应的出口（省际调出）分解中的内容参见图 4 – 1 所示。

三、价值链分工的测算结果

基于前面的分析方法，利用嵌入国内多区域投入产出表的全球投入产出表，对国内各省份参与全球价值链和国内价值链的程度予以测算。

（一）国内不同区域之间经济发展水平与国际贸易垂直专业化指数之间呈现一定程度的正相关关系

图 4 – 2 给出国内不同地区的出口垂直专业化指数和发展水平。对比国内的不同省份之间参与全球价值链的垂直专业化水平可以发现，

经济参与全球价值链程度越高的地区，其发展水平也越高；而经济发展水平较低的地区，其垂直专业化指数也相应较低。从数据来看，东部沿海的广东、上海等地全球价值链参与程度较高，其发展水平也相应较高。这在一定程度上也印证了过去三十多年来采取的对外开放战略对中国经济的拉动作用。

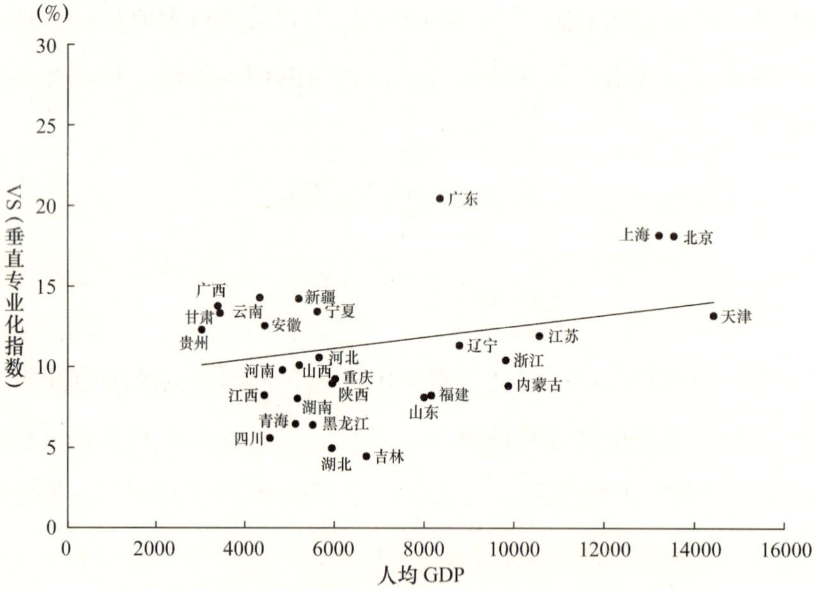

图 4-2　国内不同地区人均 GDP 同 VS/GVC 指数的关系图

资料来源：作者计算。

（二）从国际比较来看，贸易的垂直专业化指数同发展水平之间呈“倒 U 形”关系

为了更好地反映价值链分工指数与发展水平的关系，这里同时测算国际上一些主要的国家和地区的出口垂直专业化指数。从图 4-3 显示的结果来看，价值链分工的参与指数与发展水平呈现一种“倒 U 形”关系。这一关系反映不同发展水平的国家参与全球产业分工的演变路径。具体来看，经济发展水平较低的国家通常出口的都是农产品、

矿物品以及初级产品，这些产品不需要太多的加工，因而也不需要进口中间投入品。因而，垂直专业化指数VS值相对较低，但其出口附带自身的增加值比重很高。随着其工业化进程的推进，产业需要升级，需要越来越多地参与全球分工才能更好地组织自身的生产活动，才能更好地发挥规模经济的作用。因而在发展水平不同提升的过程中，参与全球价值链的垂直专业化指数不断提升。随着产业链分工中的能力不断提升，其逐渐升级至高端价值链和价值的高端环节，这些部分由于具有较强的垄断特性，在价值链中分享价值更多，因而其（进口）中间投入在成本中所占的份额明显下降，其产业的增加值率不断提升，垂直专业化指数又开始不断下降。通过这种关系可以看到，一个国家或地区在参与全球产业分工过程中的升级路径，可以先通过参与价值链中技术要求较低的环节，扩大价值链分工的参与度，提升贸易规模获取更多收益；在发展达到一定水平和条件之后再向价值链中技术水平更高的环节和更复杂的价值链升级，提高附加价值水平来获取更多的收益。

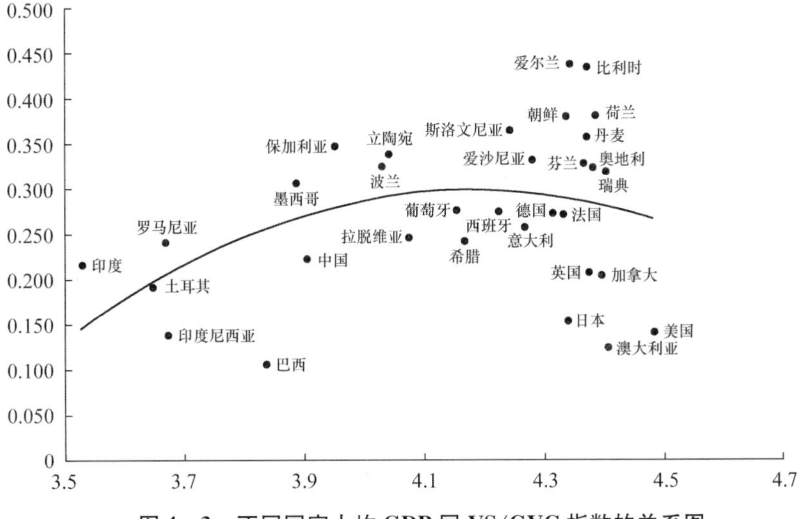

图4-3　不同国家人均GDP同VS/GVC指数的关系图

资料来源：WIOD。

（三）沿海沿边的大多数省份参与全球价值链和国内价值链的程度明显较高

从图4－2来看，珠三角、长三角和京津冀地区以及西北和西南的部分沿边省份其出口的垂直专业化指数都明显高于其他内陆省份。平均来看，这些沿海、沿边地区要比内陆省份在国际贸易中的垂直专业化指数高6~8个百分点左右。这一方面与我国在过去三十多年来采取的东部沿海率先开放的发展战略存在一定关系，如珠三角和长三角的出口垂直专业化要明显高于其他地区，尤其是珠三角地区的垂直专业化指数超过20%；另一方面也在一定程度上反映了区位优势在国际贸易中的重要性，如海南、广西、新疆等地的出口规模虽然不大，但出口垂直专业化指数要高于内陆省份。与参与全球价值链类似，在国内价值链分工中，绝大多数的东部沿海省份参与国内价值的程度较高。平均来看，东部沿海地区珠三角、长三角和京津冀地区在国内价值链分工中的参与程度明显较高，三大增长极的国内贸易的垂直专业化指数基本都在20%以上。从三大增长极内部来看，长三角参与国内贸易的垂直专业指数最高，其次是珠三角地区，而京津冀地区则低于前面两者。另外需要指出的是，西北地区不少省份的国内价值链的参与程度也比较高。

（四）中部地区、东北地区多数和西南地区多数省份参与全球价值链和国内价值链的程度偏低

与沿海地区形成对比的是中部地区和东北地区的多数省份参与全球价值链的程度明显低于全国其他地区。从测算的结果来看，吉林、湖北、黑龙江、湖南和江西等省份参与全球价值链的程度在31个省份中排名明显落后于其他省份，出口垂直专业化指数不足9%，比全国

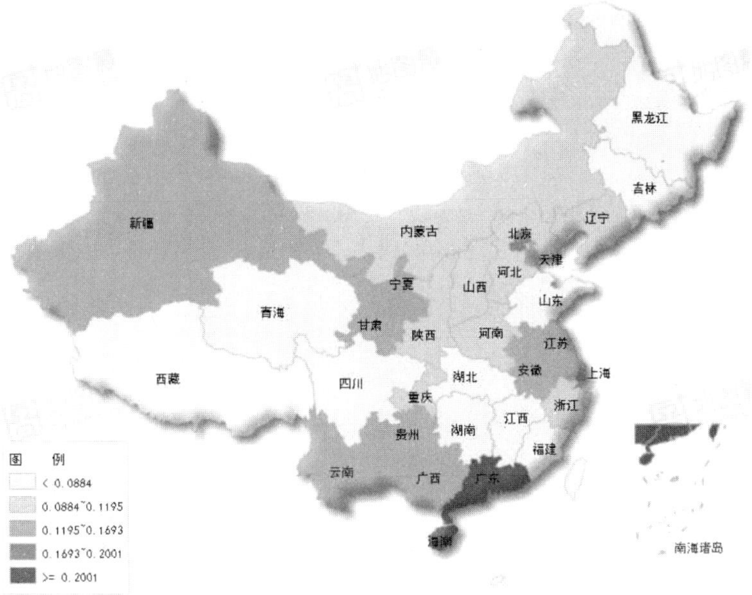

全球价值链

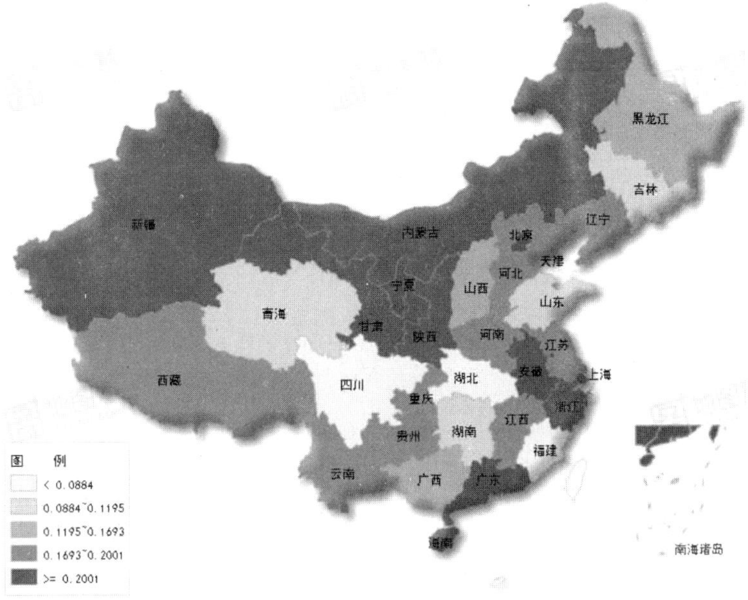

国内价值链

图4-4　各省份在全球价值链和国内价值链中的垂直专业化指数

资料来源：作者计算。

平均水平低5个百分点左右。从国内价值链来看，中部地区和西南地区不少省份国内贸易的垂直专业化指数明显要低于国内其他地区。从测算的结果来看，中部地区中除了安徽的国内贸易垂直专业化指数高于全国平均水平，其他省份都低于全国平均水平，尤其是湖北，其垂直专业化指数在全国31个省份中排名倒数第二；另外，西南地区几乎所有的省份参与国内价值链分工的程度都要低于全国平均水平。

（五）部分靠近沿海省份的地区参与全球价值链分工的程度要高于离沿海地区更远的地区

从测算的结果来看，除了沿海沿边地区外，那些与沿海省份接壤的内陆省份参与全球价值链的程度虽然明显低于沿海省份，但是要略高于其他更加靠近内陆的省份，比如靠近长三角的安徽的垂直专业化指数就要高于湖北。这在一定程度上与区域间要素成本比较优势的变化导致沿海地区的产业部分开始向内陆省份转移是有关系的。

（六）沿海省份参与全球价值链分工对内陆地区的拉动作用较为有限

改革开放以来，沿海地区通过率先开放参与全球价值链分工拉动了自身的经济的发展，但这种产业分工的参与对国内其他地区的拉动作用较为有限。主要反映在两个方面：从贸易形式上来看，不少这种产业分工采取的加工贸易的方式，表现为贸易的“大进大出”，主要利用国内廉价劳动力和其他资源，对国内其他产业的拉动作用较为有限；从参与环节来看，这种产业分工主要参与的全球价值链中的低端环节，因而获取的收益较为有限。以广东出口美国的电气机械、电子和仪器等产品为例，测算的结果显示留在国内的增加值只有一半左右，这明显低于其他发达国家。其中广东自身获取的增加值占了43%左右，只有14%的增加值分配给了国内其他地区，而且主要拉动的还是长三角（如浙江和江苏分别占1%以上）和广东周边的地区（如海南）。

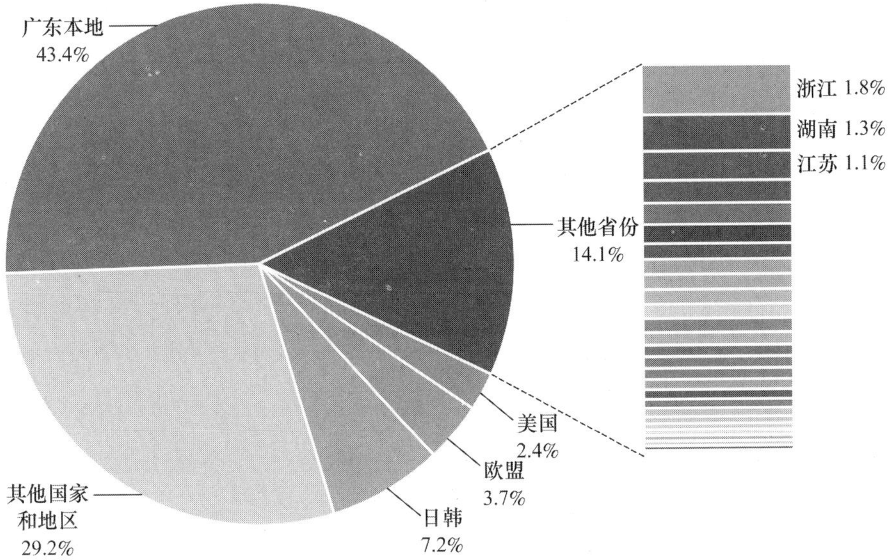

图4-5　广东电气、电子及仪表业出口美国的全球价值链分解

注：图中出口的价值链分解未列示重复计算的部分。

资料来源：作者计算。

四、主要结论及政策建议

从前面对不同区域参与全球和国内价值链分工的分析可以看出：

（1）不同国家的产业呈现出“曲线升级”的路径，先通过提高价值链分工的参与度，提升经济规模，后通过向价值链中技术水平更高的环节和更复杂的价值链升级，提高附加价值水平。从国内区域协同发展的视角来看，不同区域需要根据自身的发展水平、发展条件选择合适产业升级方向，东部地区较为发达的地区更多需要向价值链更高端环节和更复杂的价值链升级，中西部发展较为落后的地区则更多需要注重提高价值链的参与。

（2）整体来看，沿海地区无论是参与全球价值链还是国内价值链的程度都要高于内陆地区；价值链分工的参与却对本地经济的发展起到一定的拉动作用，但目前沿海地区参与全球价值链的水平还比较低，获取的收益有限，而且对国内其他地区拉动作用非常有限。从国内区域协同发展的角度来看，需要注重打通全球价值链和国内价值链，增强全球价值链与国内价值链互动联系，延展全球价值链在国内的环节，增加全球价值链在国内节点，提升发达地区参与全球价值链对国内其他地区的辐射带动作用，打造不同地区协同参与全球价值链分工的格局。

（3）内陆地区特别是中部地区参与全球价值链和国内价值链的程度都较低。对这些地区而言，在协同发展的过程中需要充分利用共建“一带一路”等战略机遇，改善基础设施条件，提升投资和贸易环境，加大对于技术工人的培养，全面提高参与全球价值链和国内价值链的程度和水平。

执笔人：何建武

参考文献

[1] Hummels, D., J. Ishii and Kei－Mu, Yi, 2001, “The Nature and Growth of Vertical Specialization in World Trade”, Journal of International Economics, 54: 75－96.

[2] Kei－Mu Yi, 2003. “Can Vertical Specialization Explain the Growth of World Trade?” Journal of Political Economy, University of Chicago Press, vol. 111 (1), pages 52－102, February.

[3] Koopman, R, Z Wang, and S－J Wei, 2012, “Estimating domestic content in exports when processing trade is pervasive”, Journal of Development Economics, 99 (1): 178－189.

[4] Koopman, R, Z Wang, and S－J Wei, 2014, “Tracing Value－added and Double Counting in Gross Exports”, American Economic Review, 104 (2): 459－494.

[5] Zhi, Wang, S－J Wei, and K Zhu, 2013, “Quantifying International Production Sharing at the

Bilateral and Sector Levels", NBER Working Paper 19677, November.

[6] WTO and IDE - JETRO, 2011, "Trade Patterns and Global Value Chains in East Asia: From Trade in Goods to Trade in Tasks", World Trade Organization, Geneva.

[7] UNCTAD, 2013, "Global Investment Report 2013", http://unctad.org/en/.

[8] 张少军，刘志彪．国内价值链是否对接了全球价值链——基于联立方程模型的经验分析．国际贸易问题，2013（2）

[9] 王直，魏尚进，祝坤福．总贸易核算法：官方贸易统计与全球价值链的度量．中国社会科学，2015（9）

专题五

在协同增长中推动城镇化向都市圈化发展①

我国城镇化在结构调整中实现了较快推进，户籍人口城镇化提速，非中心城市对人口的吸引力提高，就近城镇化比重上升，服务业就业吸纳优势凸显，人口流动家庭化趋势增强。但基于城市经济学理论模型的讨论表明，我国行政资源的过度集中扭曲了城镇化资源配置，导致了大城市无法形成多中心的协同增长模式。为促进区域协同增长，应打破城市行政等级下的资源配置机制，推动传统单中心城镇化向多中心都市圈化发展。

一、我国城镇化在结构调整中实现较快推进

（一）城镇化进程仍处于快通道，户籍人口城镇化提速

我国常住人口城镇化和户籍人口城镇化较快推进。2016 年末，常住人口城镇化率达到 57. 35%，比上年末提高 1. 25 个百分点，在全国

① 本报告研究受作者主持的国家自然科学基金面上项目“金融干预下的城镇化：机制、影响与对策”（71573063）资助。

内地总人口增加809万人的背景下，城镇人口比上年增加2182万人，农村人口减少1373万人。城镇化率提高幅度虽然比上年有所回落，但仍大体保持近几年的较快增速。2012～2016年，我国城镇化率提高4.78个百分点，五年新增8116万城镇人口，接近德国全国总人口（2015年8141万）。更值得一提的是，户籍人口城镇化从2013年的35.9%提高到2016年的41.2%（2016年当年提高1.3个百分点），平均每年有2420万人口获得城镇户籍。虽然户籍人口城镇化率仍然低于常住人口城镇化率16.15个百分点，依然有2.2亿常住人口没有获得城市户籍，但近三年来户籍人口城镇化速度明显快于常住人口。

（二）人口迁徙流入地分布更加均衡，非中心城市吸引力提高

长期以来，我国城镇化的人口迁徙路径主要是由中西部的农村转移到东部的城镇。近年来，中西部地区成为吸纳就业的新增长极。根据统计局网站数据，2016年中西部地区城镇就业占全国比重比2012年提高0.7个百分点，而东部占比下降0.3个百分点；2012～2016年，中西部地区城镇就业增长对全国的贡献率达到50.9%，比东部地区高6.8个百分点。其中，西部城镇就业增速尤为突出。2012～2016年，西部城镇就业人数累计增长16.8%，远高于东部增幅（10.9%）。

从流入地的城市类型来看，流向中心城市（直辖市、计划单列市和省会城市）的流动人口比例下降，流向非中心城市地区的比例有所上升。根据卫计委的调查，流向中心城市的跨省流动人口占全国跨省流动人口的比例，从2013年的56.8%降为2015年的54.9%；流向中心城市的省内农村户籍流动人口占全国相应人口的比例，从2013年的54.4%下降为2015年的49.5%。

（三）外出农民工增速放缓，就近城镇化比重上升

全国农民工总量增速有所回升，但外出农民工增速持续下降，就近城镇化吸纳了更多的农民工。2016 年末，全国农民工总量 2.82 亿人，比上年增长了 424 万人，增速为 1.5%，比 2015 年增速（1.3%）的低点略有回升。从农民工结构来看，外出农民工（在户籍所在乡镇地域外从事非农产业 6 个月及以上）1.69 亿人，2016 年仅增长了 50 万人，增速为 0.3%，增速同比下降了 0.1 个百分点；实现就近城镇化的本地农民工（在户籍所在乡镇地域以内从事非农产业 6 个月及以上）1.12 亿人，2016 年增长了 374 万人，增速为 3.4%，增速同比高出了 0.7 个百分点。这一趋势延续到了 2017 年初。根据人社部对 500 个村的农村劳动力转移就业监测数据，截至 2017 年第一季度末，在外务工的人数同比减少 2.1%；但就地就近的就业持续增长，本地非农就业的人数同比增长 7.1%。

（四）城镇就业稳定增长，服务业吸纳就业能力的优势凸显

我国就业增量主要集中在城镇，2016 年末城镇就业人员 4.14 亿人，净增加了 1018 万人。从产业看，就业主要集中在服务业。2012 ~ 2016 年，服务业就业人数累计增加 6067 万人，服务业就业比重从 36.1% 升至 43.5%，成为吸纳就业最多的产业。从服务业内部看，现代服务业就业增长最为迅速，2012 ~ 2015 年就业累计增长最快的 3 个行业依次是租赁和商务服务业（72.7%）、科学研究技术服务和地质勘查业（50.3%）、信息传输计算机服务和软件业（38.7%）。同时，服务业吸纳就业密度高，即每单位服务业单位增加值能吸纳更多就业。根据统计局的数据，按照 2015 年不变价计算，2016 年第三产业每 100 万元增加值吸纳的就业人数为 9.1 人，比第二产业高 1.6 人。

全球服务业占经济比重的平均值（50%）与中国（51.6%）相当，但服务业就业比重（70%）高出中国近30个百分点，服务业在未来仍有很大潜力创造更多城镇就业机会。

（五）新型城镇化改革取得进展，人口流动家庭化趋势增强

截至2016年底，两个省和246个城市（镇）开展了新型城镇化的综合试点工作，在户籍、土地、基础设施运营等方面开展了多项体制创新。例如，不少城市降低农业转移人口进城落户门槛，已有25个省区市发布了居住证实施办法，扩大了居住证覆盖面，提高了居住证含金量。截至2016年底，覆盖城乡的社会保障体系进一步健全，城乡居民养老保险制度实现整合；基本公共卫生服务项目增加到12类，基本医保参保率超过95%，大病保险覆盖全部城乡居民医保参保人员。公共服务均等化程度的提高，推动了人口流动的家庭化趋势，流入人口的家庭规模有所扩大。根据卫计委调查，2015年流动人口在流入地的家庭规模为2.61人，比2013年增加了0.11人，超过一半的家庭有3人及以上同城居住。同时，流动人口在现住地的平均居住时间超过4年，有一半人在当地居住时间超过3年，未来打算在现住地长期居住的比例超过半数。

二、我国城镇化发展趋势的展望

本报告运用Logistic模型预测中国未来的城镇化发展趋势。利用我国1981~2016年的城镇化率历史数据，我们估算出我国城镇化率的饱和值为75%。通过外推我们得到未来我国城镇化率预测值：2017年城镇化率达58.6%，比2016年提高约1.2个百分点；我国城镇化率预计

将在2019年突破60%，2033年突破70%；10年之后的2026年达66.7%，未来10年平均每年提高个0.92个百分点。

表5-1 未来10年我国城镇化率预测值

年　份	2017	2018	2019	2020	2021
城镇化率预测	58.6%	59.7%	60.8%	61.8%	62.7%
年　份	2022	2023	2024	2025	2026
城镇化率预测	63.6%	64.5%	65.3%	66.0%	66.7%

资料来源：作者的预测。

未来驱动城镇化的动力结构将从城乡人口迁徙为主转向就地城镇化。城镇人口的增长有三个来源，分别是城镇人口自然增长、农村人口迁徙到城镇以及就地城镇化。2016年城镇人口自然增长的规模为432万[①]，占新增城镇人口的19.8%，虽然增长的绝对规模较2014年提高了近51万人，但比重下降了1.3个百分点。2016年新增农民工的规模是424万，按流动人口家庭平均规模（2.61人）来计算，当年新增农村迁徙到城镇的人口为1107万人，占新增城镇人口的50.7%。虽然流动人口的平均家庭规模近年来有所提高，但2016年城乡人口迁移的绝对规模还是较2014年减少了146万人，比重则从69.4%下降到50.7%。

在城镇人口自然增长和城乡人口迁徙趋缓的背景下，就地城镇化成为城镇化新的接续动力。这里的就地城镇化是指，人口并未离开农村地区，但其所在地区的生产和生活形态与城镇地区趋于一致，表现出非农就业比重提高、人口密度增大、基础设施水平改善等特征，因而在统计上被划归为城镇。我们用城镇新增人口减去城镇人口自然增长和城乡迁移人口，就得到了就地城镇化人口。2016年，新增就地城

① 受数据来源所限，我们用全国人口的自然增长率来近似替代城镇人口自然增长率。

镇化人口为644万，较2014年多增了472万人；占新增城镇人口的比重也从2014年的9.5%上升到2016年的29.5%。

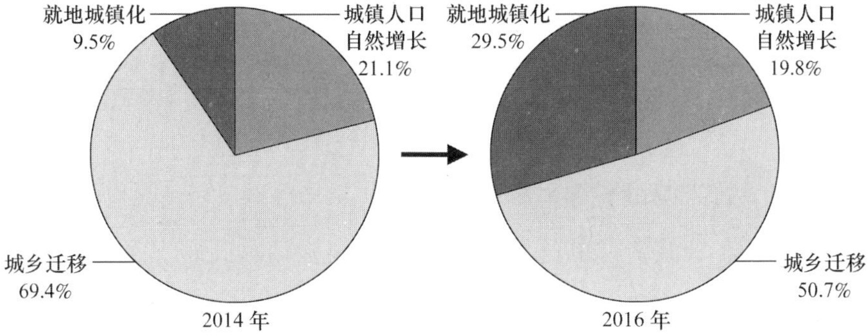

图5-1　城镇人口增长的结构

资料来源：统计局网站和笔者测算。

对于未来十年城镇化的驱动力，我们做出如下判断：由于生育政策的调整和城镇人口基数的扩大，城镇人口自然增长的规模和比重会略有提升；鉴于农村现有人口年龄结构将进一步老化，地理意义上的城乡人口迁移的比重会下降；随着大城市向郊外蔓延以及城乡一体化的发展，就地城镇化将逐渐成为城镇化的重要动力。

三、行政资源的过度集中扭曲了城镇化资源配置

虽然我国城镇化仍保持着较快发展的势头，但其空间发展不平衡的问题日益突出。本部分将从城市经济学的基本模型出发，分析我国城市行政等级下的资源错配如何导致城市之间的分工和城市内部资源配置的效率较低。

我国城镇化的空间结构主要表现出两方面的不平衡。首先，特大城市“城市病”和中小城市活力不足并存。近年来，特大城市和部分大城市集聚的正外部性越来越明显，分工更加细化和专业化，创新潜

力充分释放；但同时也面临着人口规模过于集中、交通拥堵加剧、环境污染突出、住房价格高企等问题，集聚的负外部性也很突出。另一方面，在城镇化率刚刚超过50%、城乡人口转移尚有很大空间之际，很多中小城市却处于规模增长较慢甚至收缩的状态，远未达到集聚的最优规模。

其次，特大城市和都市圈内部的空间发展失衡。在现有城市行政管理体制下，公共资源的配置具有较强的路径依赖特征，行政资源和优质公共服务资源（重点中小学、三甲医院等）集中在传统主城区，造成特大城市主城区出现产业和人口过度聚集。与此同时，特大城市周边区县的公共服务在总量上供给不足，在质量上则与主城区有较大的落差，未能在都市圈范围内形成人口分布比较均衡的格局，大部分人口集聚于主城区。

城镇的空间布局取决于市场主体的区位决策。在一个城市体系中，中心城市或城市的中心地区有一种“向心力”，它能为居民和企业提供各种便利（如高收入就业机会较多、劳动市场的匹配度高、技术外溢效应强、通勤和运输成本低等），吸引人口和其他要素集聚。与此同时，中心地区也存在一种“离心力”，比如高土地租金导致的高房价、过度集聚促发的环境污染和交通拥堵等，会引导各类经济活动远离中心城市或城市的中心。为此，城市经济学引入了“空间均衡”的概念。居民、企业和城市开发商在做出区位决策时，会综合考虑城市向心力和离心力的收益而开展空间套利活动，在最终形成的空间均衡下，市场主体任何改变地理位置的行为都不能获得额外的收益。以居民决策为例，在中心城市或城市中心地区定居，所获得的高收入、低通勤成本等好处会被高房价、高环境污染等坏处所抵消，其综合收益与外围城市和城市外围地区的居住者相当。

在市场化的条件下，空间均衡的力量将引导城市发展为多中心的模式。我们在 O’sullivan（2015）“服务业-制造业”两中心模型的基础上，提出“总部经济-服务业-制造业”三中心模型。

冯·杜能（1826）构建了一个孤立的城市，周围乡村的农民向城市提供农产品，农民间的竞争将会使地租以城市为中心向外围逐次递减。阿隆索（1964）用中央商业区代替孤立的城市，用通勤者代替农民，设计了一个经典的单中心城市模型，通勤者的住房成本和通勤成本随着远离城市中心而分别呈线性下降和上升。不过，随着现实世界中城市形态的发展，大多数城市的就业都远离老城区的中心（Glaeser 和 Kahn，2001），单中心的现代大都市越来越少，阿隆索以及后来的米尔斯（1967）和穆特（1969）构建的单中心城市模型，并不能很好地解释城市体系形成多中心城市或都市圈形成多中心集聚的形态。对此，O’sullivan（2015）概括出了“服务业-制造业”两中心城市模型（图5-2）。在这一模型中，服务业集聚于市中心，制造业集聚于城市外围的次中心，居民按工作类型就近居住（即服务业从业者居住在服务业集聚区附近，制造业从业者居住在制造业次中心附近）。

我们认为对于大城市及其形成的都市圈，“服务业-制造业”两中心城市模型解释力不足，原因有三个方面。一是与一般生产性服务业不同，以总部经济为主的企业（高端服务业或高端制造业的服务环节部门）需要频繁地面对面交流，思想运输成本远远高于货物运输成本，因此对大城市中心地区的区位需求是刚性的，其土地竞租曲线要高于一般服务业，容易在城市中心形成总部集聚区。二是信息通信技术的发展，使得原本需要现场交流的服务（比如银行的后台操作）不需要面对面地完成，这推动了一般生产性服务业的外迁，在大城市的外围地区形成服务业集聚区。三是交通基础设施的升级和物流体系的

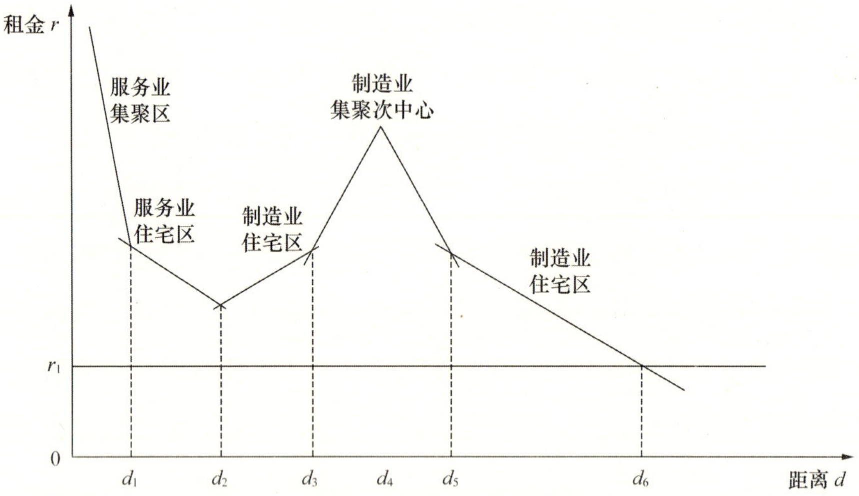

图 5－2　两中心城市模型

完善降低了运输成本，生产组织流程的智能化降低了制造业远程管理成本，推动大城市周边的小城镇形成制造业集聚区。随着企业布局的多中心化，从中心到外围的各个地区的财税收入都获得了增长，有利于形成连接彼此的公共交通基础设施和均等化的基本公共服务，这就使得即使在城市边缘地区的居住者也能享受到同等的生活服务，形成三个类型的居住住宅集聚区。因此，我们构建了“总部经济－服务业－制造业”三中心的城市模型（图 5－3）[①]。

在“三中心”模型中，企业总部愿意以最高租金在城市中心的中央商务区集聚，而在企业总部工作的高收入者愿意以高房价为成本享受中心地区的便利；一般生产性服务业则以次低租金在中心地区周边集聚成服务业中心，服务业从业者（一般生产性服务业者和生活性服务业者）以次低的房价居住在服务业中心附近的服务业住宅区；制造业则以最低租金在大城市边缘地区或邻近大城市的小城镇集聚成制造业中心，

① 这里的“三中心”不是指城市形成了三个中心，而是指在城市中形成三类中心。

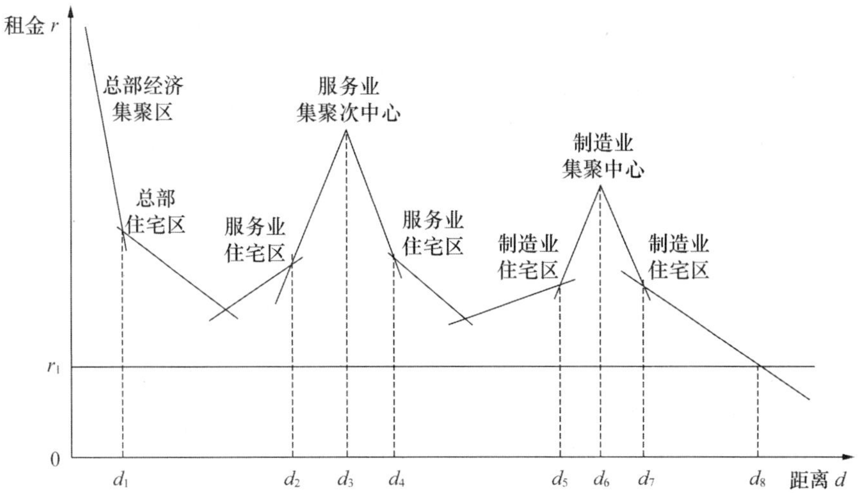

图 5－3　三中心城市模型

制造业从业者以最低房价居住在制造业中心附近的制造业住宅区。

以上的三中心城市模型只考虑了居民和企业，隐含的前提是政府在城市资源配置中不发挥作用。欧美国家的城市主要以市民自治的方式进行管理，城市只有规模大小不同，并无行政等级之分。当然，国外的城市政府也会通过提供地方性公共产品和税收政策优惠，对资源配置施加影响，但这种影响更多是通过土地资本化的市场机制来实现的，即居民和企业所享受的更优质公共服务会体现为更高的土地租金。也就是说，级差地租使特定区位的成本和优势“资本化”了，不同区域的市场主体所获得的效用相等。这与我们在前面提出的三中心城市模型的土地竞租模式并不冲突，但显然与我国城市实施行政等级管理的国情不符。

不同行政级别城市的管理权限、资源动员能力和公共产品提供能力差别很大，导致资源在城市间的配置机制与市场化机制迥异，深刻影响着我国城镇体系的形成和城市形态的塑造。首先，中心城市和城市中心地区的政府拥有更大的管理权限，处于其中的企业容易获得优质资源配置这一“隐性补贴”。与行政级别较低的政府相比，中心城市和城市中心地区的政府，在立法、规划、财政、税收、土地、项目审批、体制创新等方面的管理权限更大，具备更强的资源动员、整合与配置能力。例如，在近年城镇化过程中，城市建设用地指标层层分配，行政等级越高的城市在分配时掌握更多话语权，土地指标配置权限的行政等级差异较为明显。我们将地级（及以上）城市细分为五个等级：直辖市、副部级城市、一般省会城市、省委常委担任市委书记的城市以及一般地级市。研究发现，随着城市行政等级的提高，其市辖区人均建设用地面积也拾阶而上，直辖市和一般地级市每万人的建设用地面积相差近0.3平方公里（见图5－4）。因此，众多企业宁愿以高土地租金在行政等级高的区域选址，依靠邻近行政资源配置中心的优势，而获得更具增值空间的土地指标、更优惠的税收、更有利的金融支持等“隐性补贴”。

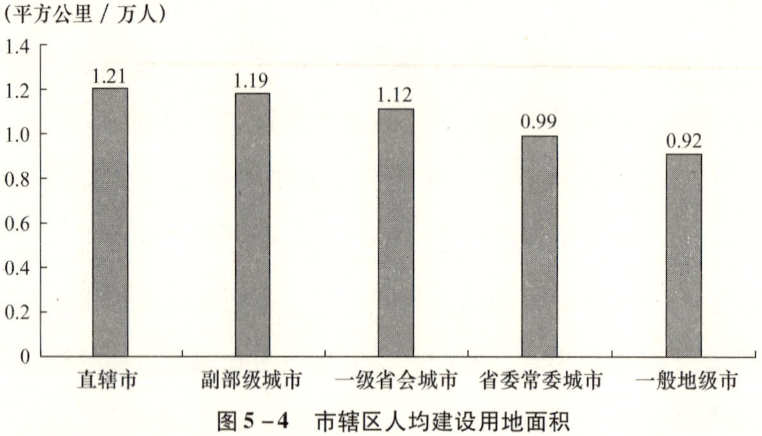

图5－4　市辖区人均建设用地面积

资料来源：《中国城市统计年鉴》。

其次，中心城市和城市中心地区政府的公共服务资源更加丰富，处于其中的居民能获得优质低价公共产品的“隐性补贴”。城市公共服务资源的分布具有很强的历史路径依赖性，最优质的医疗、教育等资源集中在中心城市和城市中心的老城区。在城镇化的过程中，城市的边界不断扩大，但优质公共服务资源仍然集中在空间范围很小的区域。例如，由于基础教育的主要投入来源是区级财政，大量教育资源好的中小学集中在老城区里。根据郑思齐等（2016）对北京市优质教育资源的研究，北京市三环以内的重点小学占到所有重点小学的70%左右，但2010年三环内的常住人口占比只有约30%。因此，居民以高房价为代价选择在中心城市和城市中心地区居住，能够获得优质且低名义价格的公共服务。

行政资源配置所形成的中心地区的“隐性补贴”，强力吸引了企业和人口向单中心过度集聚，扭曲了城镇化要素流动的市场机制，阻碍了多中心城市的形成。在行政资源配置机制下，由于政府服务业（行政事业单位等）和公共服务业（优质学校、医院等）集中在城市中心，原本可以分布在城市周边的一般性生产服务业为了获得隐性补贴，也倾向于集聚在中心地区，这就推高了企业在中心地区的土地竞租曲线（如图5－5所示），导致了企业办公用地在总量上驱逐住宅用地。同时，部分高收入居民为了享受集中于中心地区的优质公共服务，也急剧提高了住宅的竞租曲线，推高了中心地区的房价；但整体而言，住宅用地向郊外蔓延，在城市边缘地区形成大片“睡城”，提高了通勤时间及其引起的额外的汽车尾气排放。另外，住宅用地的蔓延推升了城市边缘地区的租金，抬高了制造业的成本，制造业只能在离中心地区更远的都市圈范围之外发展，但中心地区对其辐射效应较弱，无法形成与中心地区总部经济和现代服务业相呼应的制造业次中心。在行政资源主导下，过多功能在单中心相互叠加且形成相互强化效应，导致大城市中心地区过度膨胀与周边小城镇发展活力不足并存。

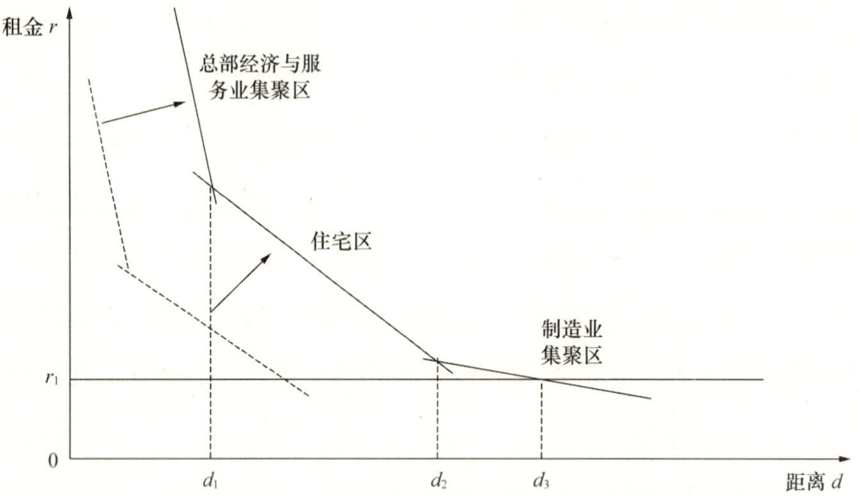

图 5－5　隐性补贴下的单中心城市模型

四、从单中心城镇化到多中心都市圈化

我国正处在由传统单中心城镇化转向多中心都市圈化的关键阶段。从现代国际大都市空间格局的演变经验来看，多中心都市圈化通过产业分工、轨道交通和通信系统，将都市圈内的大城市和中小城镇整合成一个高效的城市生产生活网络，既能够实现要素集聚的正外部性，又能够避免单中心模式过度集聚的负外部性。《国家新型城镇化规划（2014—2020 年）》也已经提出，“推进中心城区功能向 1 小时交通圈地区扩散，培育形成通勤高效、一体发展的都市圈”。第三部分的理论分析表明，过于集中的行政资源可能扭曲城市资源的配置，使得城镇化受困于单中心城市模式带来的弊端，无法实现都市圈化发展。

本部分首先通过典型城市人口密度的国际比较说明我国特大城市单中心发展的现状，再提出推动城镇化向多中心都市圈化发展的若干建议。我们选取了北京、上海、东京和纽约四个国际大都市，运用ArcGIS软件分别确定天安门广场、人民广场、银座、曼哈顿区中部作为四个都市圈的中心，并测算半径10～50公里范围内的人口密度。对于跨越各个半径范围的地区，我们用“地区总人口×该地区在相应半径范围的面积比重”来估算对应区域的人口。北京、上海都市圈人口数据来自《北京统计年鉴2016》《上海统计年鉴2016》以及周边其他省市的统计局、统计公报；东京大都市圈人口数据来源于《日本统计年鉴2017》；纽约大都市圈人口数据来源于美国人口普查局。

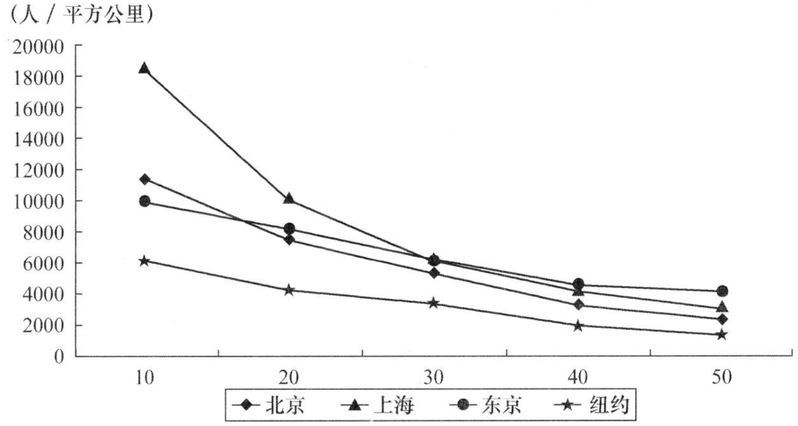

图5－6　四大都市圈人口密度

资料来源：笔者测算。

对典型国际大都市人口密度的比较显示，我国大都市人口过度集中在中心地区。如图5－6所示，在离都市圈中心10公里半径的区域，上海和北京的总人口分别比东京高出269万人和45万人，其人口密度分别高达1.85万人/km^2、1.13万人/km^2，显著高于东京（9911人/km^2）和纽约（6013人/km^2）的最核心区域。作为人们印象中人口密度很高的东京，在半径20公里的区域内，其人口密度（8029）还是要显著低于上海（9990），仅比北京（7465）略高；在半径30公里的区域内，其人口密度（6085）也与上海（6073）相差无几。但是在半径30～50公里的区域，北京和上海的人口密度分别急剧下降了3000人/km^2、3048人/km^2；而东京只下降了2053人/km^2。在半径50公里的区域内，东京的人口密度（4032人/km^2）已经比上海（3025人/km^2）高近1007人/km^2，几乎是北京（2264人/km^2）的两倍。

表5-2　各都市圈人口情况

地区	10km半径范围人口（万人）	20km半径范围人口（万人）	30km半径范围人口（万人）	40km半径范围人口（万人）	50km半径范围人口（万人）
北京	356.36	937.71	1487.72	1610.17	1776.78
上海	580.45	1254.97	1716.71	2051.19	2374.73
东京	311.19	1008.34	1719.64	2219.33	3164.75
纽约	188.78	523.73	921.65	939.1	1001.66

当前，对我国城市规模的讨论有两个截然不同的方向。一种观点认为特大城市人口密度还有提升的空间，人口规模还应该再扩大；另一种观点认为特大城市的城市病问题严重，而中小城市规模发展不足，应大力发展中小城市。这两种观点似乎把“大城”和“小市”的发展对立起来。从上述分析来看，在北京、上海的都市圈内，靠近行政中心的区域聚集了过多人口，但城市周边的人口密度出现了较为明显的下降，未能形成多中心的都市圈形态。国际大都市圈的发展经验表明，都市圈内的大城市和中小城市的发展应该是互为条件、互相促进的。

为推动区域协同增长，我们要推动单中心城镇化向多中心都市圈化发展，其中的关键是要打破城市行政等级下的资源配置机制。这里提出几点政策建议。

第一，弱化行政等级对公共资源配置的影响。要从根本上改革公共资源按行政等级的分配的方式，促进公共资源在城市内部和城市之间的合理配置。在城市经济活动边界日益交叉的背景下，应建立跨区域城市发展协调机制，打破城市经济与城市管理的行政壁垒，在城市内部区县之间以及跨域城市间明确分工定位、衔接发展规划、实现成本共担与利益共享，促进不同行政等级的城镇联动发展。

第二，下放城市管理权限，释放中小城镇的发展活力。打破等级化的城市管理体系，城市不论行政等级高低和人口规模大小，均应拥有同等的法定权利，尤其要取消土地征用指标计划层层下达的制度。制定科学合理的设市标准，新标准不应过多关注行政级别、经济总量规模等指标，而应重点考虑人口密度和人口规模。加快拓展部分强县和特大镇的城市功能，以下放事权、扩大财权、改革人事权以及强化用地指标保障等为重点，提高部分强县和特大镇管理权限，允许按照相同人口规模的城市市政设施标准进行建设发展。

第三，调整跨行政区的城市管理体制，解决大城市周边地区政府治理碎片化问题。建立都市圈内部各城市的协同发展机制，进一步完善城镇空间布局，缩小中小城市与大城市之间在医疗、教育、养老等规模和质量方面的差距，依托交通、通信、供电、供排水等硬件基础设施链接，增强中小城市的吸引力，形成合理分工关系和多元化功能组合的城市网络体系，培育融集聚效应和辐射效应于一体的大都市圈。

第四，有序发展具有特色资源、产业支撑、区位优势和文化底蕴的小城镇。通过扩权增能、加大投入扶持力度、更多依靠市场主体参与，促进镇企融合发展，因地制宜培育休闲旅游、商贸物流、智能制造、科技教育、民俗文化传承等专业特色镇。但在这一过程中需要特别注重市场导向，不能形成新的过剩产能。

执笔人：卓　贤

参考文献

[1] Glaeser, Edward L. and Matthew Kahn (2001) "Decentralized Employment and the Transformation of the American City," Brookings – Wharton Papers on Urban Affairs 2 (2001).

[2] 刘世锦．由数量追赶到质量追赶．北京：中信出版社，2016

[3] 奥沙利文．城市经济学．北京：北京大学出版社，2015

[4] 约翰·冯·杜能．孤立国同农业和国民经济的关系．北京：商务印书馆，1997

[5] 郑思齐，张晓楠，徐杨菲，许俊彦．城市空间失配与交通拥堵．经济体制改革，2016（3）

专题六

区域协同增长与民营经济发展

一、引　言

20 世纪 90 年代以来，我国经济在取得高速增长的同时，不同地区的增长速度并不一致，出现了较为显著的地区差距。由于我国的经济增长内置于城乡二元结构的转换之中，地区差距不仅表现为城乡整体人均 GDP 的差别，也表现为城镇内部与农村内部人均收入的地域分化。事实上，地区差距已经构成城镇与农村内部差距的重要组成部分，甚至是其中的首要因素（Meng，2004；万广华，2008）。

图 6－1 至图 6－3 描绘了东、中、西三大区域中，城镇人均收入、农村人均收入以及城乡整体人均收入的变化趋势，分别由城镇人均可支配收入、农村人均纯收入与人均国内生产总值衡量[①]。可以发现：在同一区域中，三类收入的演变趋势一致，说明三者之间是相互关联

① 城镇居民可支配收入、农村居民纯收入取自《中国统计年鉴》；人均国内生产总值取自国家统计局数据库。不同省市城市化水平不同，分区域计算需要加权。由于《中国统计年鉴》与《中国人口统计年鉴》关于分省城乡人口数据不全，我们利用分省城乡就业人口作为权数计算，数据来自相应各年《中国统计年鉴》分省城乡就业人口数。因 2006 年未统计分省农村就业人口，由 2005 年、2007 年数据平均而得，再与城镇就业人口加总得到总就业人口。又因 2011 年及以后没有公布分省城乡就业数据，我们的统计时段是 1993～2010 年。

的；而每一类收入又存在明显的地区差距，中部与西部地区接近，东部地区始终远高于前两者，说明三者受到共同因素的影响。表6-1则给出了三类收入中，最高省份与最低省份的相对差距与绝对差距。其中，相对差距均有下降，城乡整体差距降幅最明显，但仍保持高位；绝对差距反而更加悬殊。

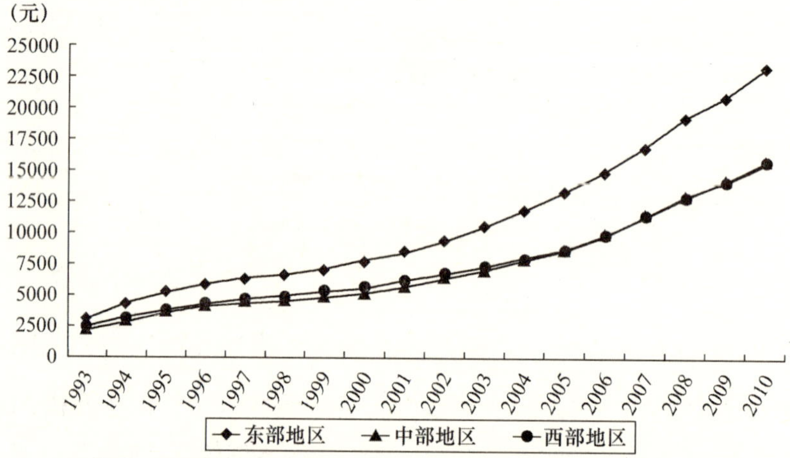

图6-1　城镇人均可支配收入分区域加权平均（1993~2010年）

资料来源：（1）城镇人均可支配收入取自相应各年《中国统计年鉴》。（2）分区域计算时分别以各省城镇就业总人口为权重，数据取自相应各年《中国统计年鉴》。

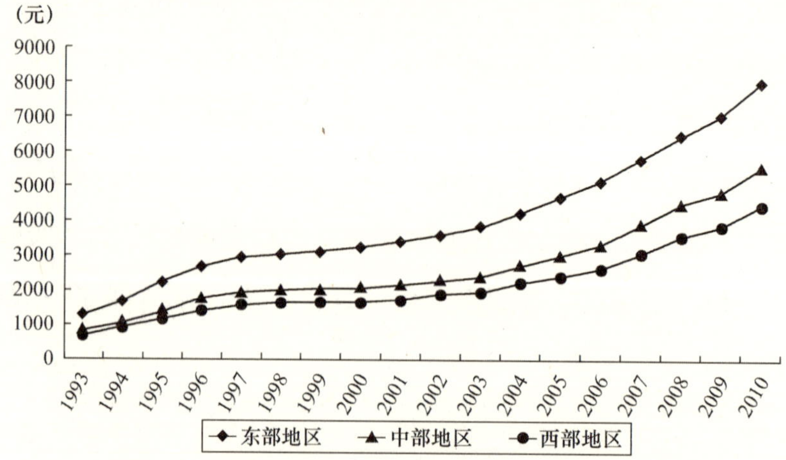

图6-2　农村人均纯收入分区域加权平均（1993~2010年）

资料来源：（1）农村人均纯收入取自相应各年《中国统计年鉴》。（2）分区域计算时分别以各省农村就业总人口为权重，数据取自相应各年《中国统计年鉴》。

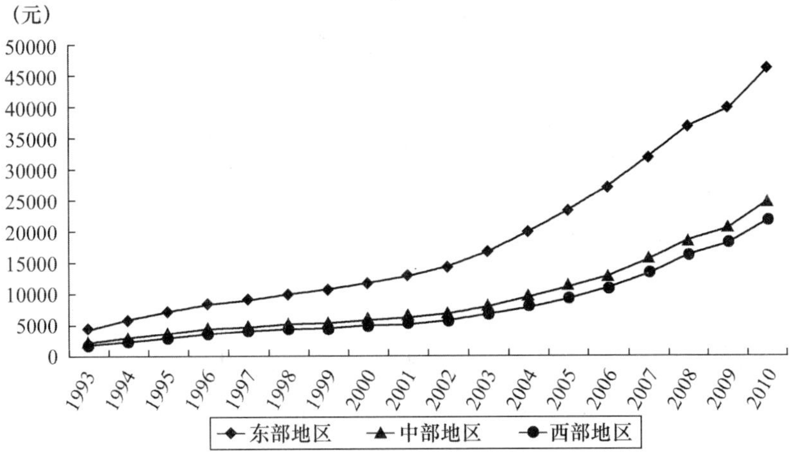

图 6 - 3　人均国内生产总值分区域加权平均（1993 ~ 2010 年）

资料来源：（1）人均国内生产总值取自国家统计局数据库（http：//data. stats. gov. cn）。（2）分区域计算时分别以各省城乡就业总人口为权重，数据取自相应各年《中国统计年鉴》。

表 6 - 1　地区收入差距极差

变量名称		城镇居民人均收入		农村居民人均收入		人均国内生产总值	
1993	最高	广东	4632. 37	上海	2726. 98	上海	11061
	最低	内蒙古	1893. 17	贵州	786. 84	贵州	1234
	差值	2739. 2		1940. 14		9827	
	比值	2. 45		4. 70		8. 96	
2015	最高	上海	52961. 9	上海	23205. 2	天津	107960
	最低	甘肃	23767. 1	甘肃	6936. 2	甘肃	26165
	差值	29194. 8		16269		81795	
	比值	2. 23		3. 35		4. 13	

资料来源：城镇居民人均收入以城镇居民人均可支配收入为指标；农村居民人均收入，1993 年以农村居民纯收入为指标，2015 年以农村居民人均可支配收入为指标。数据来自《中国统计年鉴》和国家统计局数据库。由于西藏数据缺失且自然环境相差大，分析中没有包含。

促进我国区域间的协同增长，需要同时缩小城乡整体、城镇内部、农村内部三个维度的地区差距。可三个维度的地区差距，其关联来自何处？又是什么导致这些差距长期难以消除？本文从所有制结构，也就是民营经济发展视角进行考察。

1992 年以后，民营经济的快速发展，带来所有制结构的重大转变，也构成了我国经济体制改革的核心特征。但在不同地区，民营经济的发展程度是有区别的。我们认为，这一差异正是导致地区间收入差距的重要原因。相较于国有经济，民营经济效率更高，并且构成吸引农村劳动力进入城市的主要渠道。其比重的提高可以通过资源再配置效应与城市化效应同时影响城镇居民人均收入、农村居民人均收入和城乡整体人均收入。支持中西部地区民营经济的更快发展，从而实现区域间所有制结构的收敛，将成为促进我国区域协同增长的重要路径。

本文剩余部分安排如下：第二部分是理论分析，在双重二元结构框架下分析民营经济影响地区差距的具体路径；第三部分进行实证检验，识别民营经济发展对地区收入绝对水平和相对水平的影响；第四部分是对现有消除地区差距观点的进一步思考，提出所有制收敛新路径；第五部分是结语。

二、理论分析

根据新古典增长模型，人均资本积累越接近稳态值，其积累速度越慢。因此，当经济体同质，也就是稳态值相同时，初始人均资本低的地区，其资本积累速度快于初始人均资本高的地区，形成 β 绝对收敛。这是地区间收入离差下降，也就是 σ 收敛的前提。当经济体不同质，也就是每个经济体的稳态值不同时，各经济体将收敛到各自的稳态，从而形成 β 条件收敛（Barro & Sala-i-Martin，1992、1997）。而如果经济体存在多重稳态均衡，即便经济体同质，初始条件差异也会导致不同经济体收敛于不同的稳态条件。这样，初始富裕的地区将收敛于高稳态条件，初始贫穷的地区将收敛于低稳态条件，形成俱乐部收敛（Galor，1996；Deardorff 2001）。我国的地区收入差距在80年代逐步趋同，1990年以后持续发散，至2004年后又转向收敛，整体而言，不存在全国范围的σ收敛与β绝对收敛，但存在东、中、西三大区域的俱乐部收敛（Yao，2001；何一峰，2008；潘文卿，2010）。作为同一个国家的组成部分，又身处相同的制度变迁过程中，我国各省份经济体本应同质，是什么原因导致地区间的经济发展水平在较长时段内未能收敛呢?

在新古典模型中，资本积累因边际产出递减而收敛至稳态。技术进步，或者说全要素生产率的提高，是经济增长的根本动力，也就成为解释地区间经济发展差异的重要原因。彭国华（2005）认为，各省全要素生产率的差异能够在很大程度上解释我国地区间收入差距。全要素生产率的收敛模式与收入相似，而其收敛速度则要快于收入。李光泗等（2008）提出落后地区引入技术有助于促进经济收敛。他们指出，当各省全要素生产率水平存在差异时，落后地区引入技术将产生更强的外溢效应，这不仅能够显著促进经济增长，还有助于推动均衡发展。李国璋等（2010）也证实，全要素生产率对我国地区收入差距的贡献不断提高，与要素投入的交互作用不断增大，将成为各省经济差距的主要决定因素。但又是什么因素和机制影响到全要素生产率的地域分布呢？这一更深层次的问题仍需回答。

解释我国地区差距的演化，必须要抓住中国经济的内在特征。其中一个显著特征就是身处城市现代部门与农村传统部门同时并存的城乡二元结构。这种结构特征在发达国家的发展历程中也曾极为重要。Caselli & Coleman（2001）发现，正是因由城乡结构转型，美国才会出现农业工资与工业工资的收敛、南北地区城市化进程的收敛，最终实结构转化对经济增长起到了支撑性作用，地区间经济发展差异本质是缘于地区间城乡结构转化程度不同。从这个角度出发，他们认为协调地区发展与统筹城乡经济是统一的。余吉祥、沈坤荣（2010）也发现，城市化进程通过扩大农村劳动力非农就业机会并提高非农劳动报酬的水平，能够影响农村居民工资收入的地域差异。张文武、梁琦（2011）则进一步强调城市化进程差异会导致人力资本存量的地区分布不均，缩小地区差距的关键是加速推动中西部地区的城市化。但城市化进程的分野本身，也是地区发展差异的特征之一。我们必须要追问的是，是什么导致了各个地区城乡二元结构转化程度的不同，其内在机制为何？

中国经济的另一个显著特征就是身处同时存在低效率国有企业与高效率民营企业的所有制二元结构。国外学者已经从多个角度论证了企业异质性对于产出与收入格局的重要影响（Melitz，2003；Baldwin，2006；Okubo，2010；Ottaviano，2011）。国内一些学者也从所有制结构的角度解释中国地区差距的形成。徐现祥、李郇（2005）发现，新中国成立初的新民主主义时期的民营经济发展程度能够说明90年代后期各省经济的发展差异。他们认为，这一指标是衡量社会基础制度的工具变量。初始民营经济越发达，说明制度条件越优越，经济后期表现也就会更好。陈玉宇、黄国华（2006）则从另一个角度论证了所有制结构的影响。他们发现改革开放前的国有企业比重能够解释各省长期增长差异。国有企业不仅自身效率低，而且占用大量物质资本与人力资本，限制了高效率企业的发展。刘瑞明（2011）强调的是初始所有制结构与政府行为的关联。他发现，改革开放前国有企业所占比重越高的地区，其经济效率越低，进而导致政府公共服务减少，愈发难以吸引资本与劳动力流入，增长也就相应减慢。可问题在于，上述研究还只是局限于论证初始所有制结构差异的历史影响，没有捕捉到改革开放之后，特别是1992年以来，所有制转型这一经济体制改革的根本特征，对于地区发展差异的影响。

本文从所有制转型的视角出发，勾连以上各要点。中国不仅存在城乡二元结构，在城市内部也存在所有制二元结构。两者的连接点就是民营经济发展。一方面，民营经济是吸引劳动力从农村转入城市的主动轮；另一方面，民营经济发展也将逐渐减少低效率国有经济所占份额。因此，一个地区民营经济发展具备两大效应。一是资源再配置效应。高效率民营经济相较国有经济比重的上升，将在不增加人均资本和劳动的情况下提高城市人均产出。二是城市化效应。一者，民营经济吸引农村劳动力进入城市，将增加农村人均产出水平，提升其人均收入；再者，城市部门效率高于农村，城市部门所占比重增加也将提升城乡整体人均产出水平。

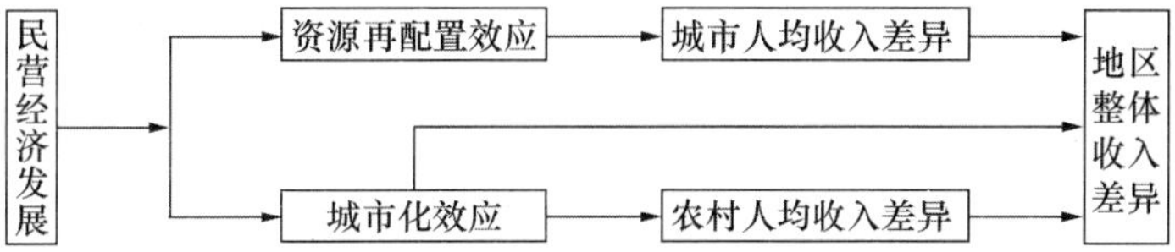

图6－4　民营经济发展影响地区收入差距的机制渠道

根据双重二元结构假说，改革开放以来农村内部、城市内部与城乡整体的地区差距，可以由所有制结构的差异解释。由于中国经济体制改革存在着由特区至沿海、由东部向内地的延伸趋势，不同地区民营经济的发展环境差别很大，进而所有制结构转变的程度也各不相同，这对地区间收入差距产生深刻影响。第一，所有制转型程度的差异造成地区间的城市化效应存在差异，这将导致农村人均收入的差距。第二，所有制转型程度的差异导致地区间的资源再配置效应存在差异，这将导致城市人均收入的差距。第三，资源再配置效应与城市化效应的结合，导致地区间城乡整体人均收入差距。由此，我们提出以下可检验的假说。

假说1：一个地区所有制转型的绝对程度，即民营经济发展的绝对水平，与该地区农村人均收入、城镇人均收入、城乡整体人均收入的绝对水平成正比。

我们进一步认为，如果一个地区民营经济发展相对全国水平越高，则该地人均收入水平也将相对全国水平更高，即不同地区所有制转型的相对差异会影响到不同地区收入水平的相对差异。这样，我们就可以得到可验证的假说2。

假说2：一个地区所有制转型的相对程度，即民营经济发展的相对水平，与该地区农村人均收入、城镇人均收入、城乡整体人均收入的相对水平成正比。

由于各地区经济体制改革存在先后差异，在所有制转型初期，各地区民营经济发展差异会逐步扩大，从而导致农村地区人均收入水平、城市地区人均收入水平与城乡整体人均收入水平差异的增加。而当所有制转型深入到一定程度，各地区民营经济发展差异会逐步缩小，进而导致农村地区人均收入水平、城市地区人均收入水平与城乡整体人均收入水平差异的下降。这样，我们就可以得到可验证的假说3。

假说3：一个地区农村人均收入、城镇人均收入、城乡整体人均收入水平相较全国平均水平的相对差距，会在该地区民营经济发展初期上升；但随着各地区所有制差异逐步收敛，又会因民营经济的进一步发展而缩小，呈现“倒U形”曲线。

三、实证分析

（一）变量选择与数据说明

$$Y_{it} = C + \alpha_1 Poe_{it} + \sum_j a_j Control + \varepsilon_{it}$$

$$VARY_{it} = C + \beta_1 VARPoe_{it} + \sum_j \beta_j Control + \varepsilon_{it}$$

$$VARY_{it} = C + \lambda_1 Poe_{it} + \lambda_2 Poe_{it}^2 + \sum_j \lambda_j Control + \varepsilon_{it}$$

模型 1 是对假说 1 进行验证。我们要识别民营经济发展程度对地区人均收入绝对水平的影响。被解释变量分别是城乡整体人均收入绝对水平、城市人均收入绝对水平与农村人均收入绝对水平，分别由人均 GDP 对数值（Lnpergdp）、城镇居民人均可支配收入对数值（Lnperci）、农村居民人均纯收入对数值（Lnperai）表示。核心解释变量是民营经济发展的绝对程度，由城镇就业中私营经济所占比重来表示。我们预计民营经济发展水平越高，该地区人均收入水平就越高。

模型 2 和模型 3 的被解释变量相同，均是地区人均收入相对水平，分别为城乡整体人均收入相对水平（Gdpvar）、城市人均收入相对水平（Civar）与农村人均收入相对水平（Aivar）。三者分别由分省人均生产总值与全国人均生产总值之比、分省城镇人均可支配收入与全国城镇人均可支配收入之比、分省农村人均纯收入与全国农村人均纯收入之比来表示。模型 2 是对假说 2 进行验证，我们想识别民营经济发展相对水平对地区人均收入相对水平的影响。核心解释变量是民营经济发展相对程度（Poevar），由分省城镇就业中私营经济所占比重与全国城镇就业中私营经济所占比重的比值来表示。模型 3 是对假说 3 进行验证，我们想识别民营经济发展对地区相对收入水平影响的时间趋势。核心解释变量是民营经济发展程度（Poe）及其平方值（Poe^2）。我们预计一个地区民营经济发展水平相对全国水平越高，其收入水平与全国水平相差越大；而随着民营经济的发展，地区人均收入相对全国水平的差异会先扩大而后缩小，呈现“倒U形”曲线形态。

以上变量中，人均国内生产总值取自国家统计局数据库；分省城镇居民可支配收入与农村居民纯收入，2010～2013年数据来自《中国统计年鉴2014》，1993～2009年数据来自相应各年《中国统计年鉴》；城镇就业中私营企业比重，1993～2010年数据来自当年《中国统计年鉴》“按城乡分就业人员数”一栏；其后统计年鉴未再公布该栏分省数据，只分城乡统计私营企业就业人员，2011年、2012年城镇就业人口取自《中国劳动统计年鉴》，两者相除得到该值。地区相对收入水平与所有制转型相对程度则利用上述数据按前文方法计算而得。

待检验回归模型中，我们选择政府干预水平、对外开放程度、外商经济比重、人力资本存量、工业化与服务业水平为控制变量。政府干预水平（Gov）用分省政府财政收支占该省GDP比重衡量，数据来自国家统计局数据库。对外开放程度（Open）以分省按经营单位所在地统计的贸易进出口总额占分省GDP比重衡量，数据来自国家统计局数据库。外商经济比重（Fdi）用城镇就业人员中外商经济比重衡量，外商经济包含港澳台投资企业与外商投资企业。1993～2010年（除1999）的数据来自《中国统计年鉴》（1994～2011年）中“按城乡分就业人员数”一栏。1999年、2011年、2012年数据来自《中国劳动统计年鉴》。人力资本存量（Edu）用各地区6岁及以上人口平均受教育年限衡量。具体计算方法是：未上过学计0年，小学水平计6年，初中水平计9年，高中水平计12年，大专及以上水平计16年，以上年限与抽样调查中各教育水平人数相乘，再除以分省6岁及以上人口数，数据取自《中国统计年鉴》（1993～2012年）。工业化水平（Industry）与服务业水平（Service）分别用第二产业GDP增加值与分省GDP比重以及第三产业GDP增加值与分省GDP比重衡量，数据来自国家统计局数据库。

本文选取省级面板数据，涵盖除西藏、香港、澳门、台湾地区之外的29个省份，其中四川与重庆的数据合并计算。我们用《重庆统计年鉴2013》与《四川统计年鉴2013》中“分城乡就业人口数”，作为城乡数据的平均权重。1992年邓小平南方讲话后所有制转型才逐步深化，因此变量选取的时间维度为1993～2012年。

表6-2　变量说明

变量性质	变量名称		变量含义	具体计算方法
被解释变量	绝对收入水平	Lnpgdp	城乡收入绝对水平	地区人均GDP的对数值
		Lnperci	城镇收入绝对水平	城镇居民人均可支配收入的对数值
		Lnperai	农村收入绝对水平	农村居民人均纯收入的对数值
	相对收入水平	Gdpvar	城乡收入相对水平	地区人均GDP/全国人均GDP
		Civar	城镇收入相对水平	城镇人均可支配收入/全国城镇人均可支配收入
		Aivar	农村收入相对水平	农村人均纯收入/全国农村人均纯收入
核心解释变量	Poe		所有制转型程度	城镇私营企业就业数/城镇就业总数
	Poe^2		所有制转型二次项	上式平方值
	Poevar		所有制转型相对水平	私营经济比重/全国私营经济比重
控制变量	Gov		政府干预水平	地方政府支出总额/地区GDP
	Open		地区开放程度	地区进出口总额/地区GDP
	Fdi		外商直接投资水平	城镇外资企业就业数/城镇就业总数
	Edu		人力资本水平	各地区6岁以上教育平均年限
	Industry		工业化水平	地区第二产业GDP增加值/地区GDP
	Service		服务业水平	地区第三产业GDP增加值/地区GDP

（二）实证结果

1. 描述统计分析

上述变量的描述性统计见表6－3。我们分别报告了其东、中、西三大区域的均值和标准差，以及全国范围的均值、标准差、最小值和最大值。对于人均收入相对水平，无论是城乡整体、城市内部，还是农村内部，均是东部地区最高、中部地区次之、西部地区最低，且东部地区数值大于1，中西部地区数值小于1。这说明中部地区收入最接近全国平均水平，东部地区超过更多而西部地区落后更多。民营经济发展的绝对水平与相对水平，虽然呈现为东部地区最高、西部地区次之、中部地区最低，但中、西部绝对水平与相对水平非常接近，均值差距在标准差范围内，发展程度基本相同。

表6－3　　描述性统计

变量	东部		中部		西部		全国			
	均值	标准差	均值	标准差	均值	标准差	均值	标准差	最小	最大
Gdpvar	1.740	0.762	0.802	0.196	0.660	0.163	1.118	0.693	0.347	3.824
Civar	1.220	0.297	0.842	0.082	0.821	0.083	0.980	0.270	0.668	1.878
Aivar	1.536	0.471	0.922	0.088	0.690	0.085	1.091	0.467	0.553	2.959
Poevar	1.297	0.696	0.707	0.176	0.820	0.239	0.962	0.529	0.086	6.769
Poe	0.172	0.118	0.101	0.072	0.118	0.082	0.133	0.100	0.004	0.465
Gov	0.116	0.044	0.140	0.043	0.222	0.095	0.153	0.076	0.049	0.612
Open	0.663	0.475	0.100	0.039	0.097	0.051	0.313	0.402	0.032	2.203
Edu	8.277	1.291	7.736	0.955	6.936	1.052	7.720	1.239	0.777	11.836
Fdi	0.097	0.069	0.017	0.009	0.009	0.005	0.045	0.059	0.001	0.295
Indu	0.464	0.097	0.447	0.070	0.435	0.050	0.450	0.078	0.197	0.594
Serv	0.423	0.098	0.362	0.041	0.383	0.041	0.391	0.073	0.276	0.765
Lnpgdp	9.797	0.830	9.084	0.824	8.880	0.814	9.298	0.913	7.118	11.442

在控制变量方面，政府干预水平呈现为东部最低、中部次之、西部最高，人力资本水平则显示相反的空间特征。其原因是，由于晋升

锦标赛机制的激励（周黎安，2004、2007），政府越注重短期经济增长，对经济干预程度越高，相应地，政府资源也就会更少地用于公共服务。另外，对外开放水平、外商直接投资水平、人均产出水平也表现为东部最高、中部次之、西部最低。而工业化发展是东部高于中部，后者高于西部；服务业发展则是东部高于西部，后者高于中部。

2. 民营经济发展与地区绝对收入水平

本部分将检验假说1，模型（1）至模型（6）依次采用固定效应与随机效应模型，验证民营经济比重与人均国内生产总值对数值、城市人均可支配收入对数值与农村人均纯收入对数值的关系。在六个模型中，所有制转型程度的系数均为正，且在1%的水平上显著，但逐步递减。这说明一个地区民营经济发展比重越高，其城乡整体、城市内部与农村内部的绝对收入水平越高，但作用效果依次递减。

表6-4　民营经济发展与绝对收入水平

解释变量	Lnpergdp		Lnperci		Lnperai	
	(1)	(2)	(3)	(4)	(5)	(6)
截距	6.126*** (37.74)	5.679*** (39.64)	6.426*** (51.88)	6.546*** (67.06)	5.577*** (42.74)	5.331*** (47.10)
Poe	3.484*** (13.23)	3.175*** (12.92)	2.760*** (13.73)	3.091*** (17.43)	2.259*** (10.67)	2.242*** (11.37)
Gov	4.217*** (12.39)	3.106*** (10.08)	2.943*** (11.33)	2.263*** (10.61)	2.946*** (1.79)	1.841*** (7.52)
Open	-0.536*** (-5.62)	-0.281*** (-3.56)	-0.347*** (-4.77)	-0.298*** (-5.61)	-0.422*** (-5.50)	-0.248*** (-3.98)
Edu	0.269*** (-5.62)	0.341*** (15.94)	0.222*** (11.61)	0.214*** (14.72)	0.212*** (10.54)	0.257*** (15.23)
Fdi	3.449*** (5.02)	3.985*** (6.82)	3.333*** (6.35)	3.045*** (7.79)	-0.247*** (-2.78)	3.352*** (7.27)
观测值	580	580	580	580	580	580

续表

解释变量	Lnpergdp		Lnperci		Lnperai	
	(1)	(2)	(3)	(4)	(5)	(6)
R^2 (within)	0.880	0.874	0.888	0.886	0.854	0.846
组数	29	29	29	29	29	29
备注	FE	RE	FE	RE	FE	RE

注：(1) 括号中数字为 t 值；(2) *、** 和 *** 分别代表 10%、5%、1% 的显著性水平。

在控制变量方面，政府干预与外商投资水平对地区绝对收入水平的影响显著为正，且系数较大。其中，对城乡整体人均收入的影响要高于城市内部与农村内部人均收入水平的影响。人力资本水平的影响同样显著为正，但系数较小。对外开放程度对城乡整体、城市内部与农村内部人均收入水平的影响均为负，这与直觉相反，但系数值较小。一个可能的解释是，对外开放对经济增长的促进作用存在门槛效应。李云娥（2014）在二元经济模型中发现，如果城市化水平低于某个临界值，对外开放将刺激城市资本密集部门发展，延缓城市化，对增长影响为负。

3. 民营经济发展与地区相对收入水平

本部分将检验假说 2 和假说 3。除核心解释变量不同，两个假说的被解释变量与控制变量一致。因此，我们将实证结果列于同一表格，具体情况见表 6－5。

模型（1）至模型（6）验证假说 2。依次采用固定效应与随机效应模型，验证城乡整体人均收入相对水平（Gdpvar）、城市人均收入相对水平（Civar）、农村人均收入相对水平（Aivar）与民营经济发展相对程度（Poevar）的相互关联。在六个模型中，民营经济发展相对程度的系数均为正，且在 1% 的水平上显著。这说明一个地区民营经济发展程度相较全国水平越高，其人均收入水平与全国水平相比越

表 6-5　民营经济发展与相对收入水平

解释变量	识别民营经济比重相对水平影响						识别民营经济比重“倒 U”曲线影响					
	Gdpvar		Civar		Aivar		Gdpvar		Civar		Aivar	
	(1)	(2)	(3)	(4)	(5)	(6)	(7)	(8)	(9)	(10)	(11)	(12)
截距	-0.545*	-1.736***	0.631***	0.319***	1.169***	0.714***	-0.571**	-1.969***	0.6156***	0.3132***	1.1773***	0.6649***
	(-2.16)	(-6.98)	(5.45)	(2.97)	(8.86)	(5.01)	(-2.23)	(-7.98)	(4.98)	(2.79)	(9.08)	(4.74)
Poevar	0.102***	0.095***	0.065***	0.065***	0.048***	0.047***						
	(6.17)	(5.29)	(8.65)	(8.29)	(5.54)	(4.98)						
Poe							1.892***	2.233***	0.3148	0.4493**	1.2156***	1.3353***
							(4.67)	(4.94)	(1.61)	(2.23)	(5.93)	(5.81)
Poe^2							-3.606***	-4.480***	-0.742**	-1.026***	-2.813***	-3.090***
							(-4.62)	(-5.15)	(-1.97)	(-2.65)	(-7.12)	(-6.99)
Gov	-0.555**	-0.644***	-0.212**	-0.251**	-0.075	-0.164	-0.635***	-0.758***	-0.247**	-0.295***	-0.166	-0.277**
	(-2.54)	(-2.75)	(-2.11)	(-2.48)	(-0.65)	(-1.32)	(-2.84)	(-3.15)	(-2.29)	(-2.73)	(-1.46)	(-2.21)
Open	-0.186***	-0.054	0.057**	0.099***	0.009	0.054*	-0.0743	0.089	0.131***	0.175***	0.089***	0.142***
	(-3.56)	(-0.97)	(2.36)	(4.09)	(0.33)	(1.81)	(-1.39)	(1.56)	(5.07)	(6.82)	(3.30)	(4.77)
Fdi	0.915*	1.340***	0.540***	0.691***	-0.030	0.218	0.468	1.055***	0.227	0.429**	-0.203	0.099
	(2.41)	(3.38)	(3.10)	(4.03)	(-0.15)	(1.02)	(0.376)	(2.68)	(1.25)	(2.42)	(-1.06)	(0.47)
Edu	0.023	0.058***	0.009	0.015**	0.005	0.017*	0.023	0.0681***	0.008	0.013*	0.009	0.022**
	(1.48)	(3.59)	(1.22)	(2.09)	(0.67)	(1.94)	(1.47)	(4.11)	(1.00)	(1.77)	(1.09)	(2.53)

续表

解释变量	识别民营经济比重相对水平影响						识别民营经济比重“倒U”曲线影响					
	Gdpvar		Civar		Aivar		Gdpvar		Civar		Aivar	
	(1)	(2)	(3)	(4)	(5)	(6)	(7)	(8)	(9)	(10)	(11)	(12)
Industry	2.539*** (9.04)	3.559*** (12.81)	0.411*** (3.19)	0.707*** (5.89)	-0.037 (-0.25)	0.409*** (2.65)	2.562*** (8.87)	3.7000*** (13.06)	0.451*** (3.24)	0.738*** (5.75)	-0.115 (-0.78)	0.383** (2.46)
Service	0.994*** (2.81)	2.431*** (6.84)	0.181 (1.12)	0.577*** (3.76)	-0.394** (-2.13)	0.133 (0.68)	1.284*** (3.62)	2.9433*** (8.31)	0.383** (2.23)	0.762*** (4.76)	-0.273 (-1.52)	0.316* (1.65)
R^2 (within)	0.309	0.270	0.265	0.253	0.094	0.069	0.289	0.241	0.166	0.158	0.127	0.099
F检验 (p值)	9.01 0.000		7.27 0.000		2.08 0.002		7.90 0.000		3.87 0.000		2.83 0.000	
Wald检验 (p值)		276.06 0.000		273.30 0.000		64.02 0.000		310.16 0.000		205.24 0.000		98.43 0.000
年份虚拟	是	是	是	是	是	是	是	是	是	是	是	是
观测值	580	580	580	580	580	580	580	580	580	580	580	580
组数	29	29	29	29	29	29	29	29	29	29	29	29
备注	FE	RE	FE	RE	FE	RE	FE	RE	FE	RE	FE	RE

注：（1）括号中数字为t值；（2）*、**和***分别代表10%、5%、1%的显著性水平。

高。因此，地区间民营经济发展程度的差异是其人均收入差异的重要原因。对于同一被解释变量，民营经济发展相对程度的系数大小接近。而对不同的被解释变量，民营经济发展相对程度的系数大小明显有异，对城乡整体、城市内部与农村内部的人均收入相对水平的影响依次递减。由于我们是以城镇就业中私营经济所占比重衡量所有制转型程度，上述现象说明，城镇民营经济发展不仅提升城市人均收入相对水平，还会通过促进城市化进程和扩散效应提升农村人均收入相对水平，两者结合效应放大，因此对城乡整体相对收入水平的影响更大。

模型（7）至模型（12）验证假说3。依次采用固定效应与随机效应模型，验证整体人均收入相对水平（Gdpvar）、城市人均收入相对水平（Civar）、农村人均收入相对水平（Aivar）与民营经济发展程度（Poe）及其平方值（Poe^2）的相互关联。在所有模型中，民营经济比重的影响均为正，在模型（9）接近10%水平显著（p值为0.108），模型（10）在5%的水平显著，其余模型均在1%水平显著。民营经济比重平方值的影响均为负，在模型（9）于5%水平显著，其余模型均在1%水平显著。在所有制转型初期，全国各地区民营经济发展差异逐步拉大，故随着所有制转型程度的加深，一个地区的人均收入相对全国水平不断提高。而随着所有制转型进一步加深，民营经济发展差异逐步缩小，人均收入相对水平又会下降。

在控制变量方面：政府干预程度在各模型中对于人均收入相对水平的影响始终为负，而在显著性水平与系数大小上按照城乡整体、城市内部、农村内部的顺序依次递减。这验证了政府主导型增长方式存在资源浪费（魏杰、施成杰，2013）。在双重二元结构条件下，政府对资源的直接配置虽然也能带来经济增长，但将上述资源转移到私人部门，资源会得到更充分利用，增长效应将更加明显。对外开放程度对于城市内部与农村内部人均收入相对水平的影响为正，且对前者的影响大于后者，但对于城市整体人均收入相对水平的影响则不稳定。外商投资水平、工业化程度与服务业发展程度类似，对于城乡整体与城市内部人均收入的相对水平的影响显著为正，且影响前者的系数与显著程度大于后者；但对于农村内部人均收入的影响既不明显也不稳定。我们认为，导致这一结果的原因在于：外商投资的产出效应远大于就业效应，通过吸引农村劳动力进入城市以提高农村人均收入的影响较小；而我们是以产值比重衡量产业结构，户籍制度下农村劳动力转移存在滞后。人力资本水平影响在各模型中均始终为正，但只在随机效应模型中显著。

四、进一步思考

探讨导致中国地区差异的根源，目的是回答应如何促进区域协同增长。而对这一问题，学术界存在激烈争论。本文提供的民营经济发展，也就是所有制结构转型的新视角，能够提供一条解决该问题的新路径，并找出各方意见的共通点。

争论的第一个焦点在于，落后省份的地方政府应采取何种应对举措。基于发展经济学的观点认为，落后地区能够依靠政府作用获得更快经济增长。其途径包括实施市场保护、培育幼稚工业（李斯特，1961），加速资本积累（格申克龙，2012），推动产业升级与技术进步（南亮进，1992）。而另一些学者则认为，恰恰是地方政府为实现赶超，实施违背比较优势的重工业优先发展战略，恶化了地区间收入差距（林毅夫，2003a、2003b；陈斌开、林毅夫，2010）。而在所有制转型视角下，我们既认同落后地区具备后发优势，能够更快获得发展，但也反对地方政府直接干预资源配置。我们认为落后省份地方政府的核心作用是制度供给，也就是为民营经济发展建立更加适宜的市场环境，通过加速转变所有制结构，释放后发优势。

争论的第二个焦点在于，中央政府在平衡地区经济发展中的角色与举措。一些学者强调，中央政府转移支付对平衡地区经济发展的重要性（刘生龙等，2009）。但陆铭、向宽虎（2014）指出，将资本从东部转移到西部地区的“动钱”策略，即便能促进区域发展平衡，也是以严重牺牲效率为代价，平衡效率与公平的正确路径是将人口从西部转移到东部地区的“动人”策略。可陆铭等人的观点同样受到质疑。仅仅依靠劳动力的跨区域流动是否能够实现区域发展收敛呢？一些学者认为，由于存在产业的规模效应与资本的外部效应，劳动力跨区域流动可能会进一步加剧地区间经济发展的不平衡（许召元、李善同，2008；刘军、徐康宁，2010；余吉祥、沈坤荣，2013）。我们的所有制转型视角则能沟通上述争论。如果不建立保障民营经济公平发展的市场环境，只是依靠政府跨区域转移社会资源，则不仅存在资源从更高效率地区转出的损失，也会存在资源转入至低效率国有企业的损失。如果只是鼓励中西部地区劳动力流转至东部地区而不推进落后地区的制度变革，也不会真正促进落后地区人均收入的整体增长。我们的所有制转型视角同时也提供了一种新的解决思路。中西部地区通过加速发展民营经济，实现地域间“所有制收敛”，从而同时缩小农村人均收入、城市人均收入与城乡整体收入的地区差距。这一举措同时也能实现“本地城市化”，避免人口分布的极端不均。

五、结　语

本专题在双重二元结构框架中探讨民营经济对促进区域协同增长的意义。

由于中国存在深刻的城乡二元结构，区域协同增长应当包括三个维度：农村人均收入、城市人均收入与城乡整体人均收入地区差距的缩小。三者存在深刻的内在关联，关联的节点就在于地区所有制结构。

一个地区民营经济发展程度与该地区的农村人均收入、城市人均收入与城乡整体人均收入成正比。在双重二元结构条件下，民营经济的发展，一者能够吸引农村劳动力进入城市，通过城市化效应提升农村人均产出水平；再者，能够增加高效率的民营经济所占比重，通过资源再配置效应提升城市人均收入水平；三者，在城市化效应与资源再配置效应的共同作用下，能够提升城乡整体人均收入水平。

各地区民营经济发展程度不同，会导致地区收入水平的相对差别。一者会导致各地区城市化进程不同，产生农村人均收入差距；再者会导致各地区城市资源再配置不同，产生城市人均收入差距；三者会通过综合城市化效应与资源再配置效应，产生城乡整体人均收入差距。我们以一个地区民营经济发展程度与全国平均水平之比度量所有制转型的相对程度，以城市、农村、城乡整体的人均收入水平与全国相应收入平均水平之比度量该地区收入相对水平，发现两者显著正相关。

由于经济体制改革的试错渐进，中国各地区所有制转型差别起初不断扩大，但随着经济体制改革的持续深入，所有制转型的地区差别会逐渐缩小。因此，随着民营经济比重的提升，一个地区与全国平均水平的相对差距会先扩大而后缩小，呈“倒U”曲线。我们利用1993～2012年的面板数据验证了上述结论。

分配方式随所有制转型的改变不是导致中国地区收入差距持续扩大的原因。中国经济未能出现条件收敛而只是出现俱乐部收敛的重要原因是所有制结构未能收敛。因此，不能说是国有经济的发展带来前三十年的区域平衡发展，民营经济的发展导致后三十年的区域不平衡发展。区域发展趋向不平衡恰恰是由于所有制转型进度的不一致。而随着民营经济不断发展，各地区的所有制差异将逐渐收敛，地区间的收入差距也将逐步缩小。这一过程的本质是制度的扩散与收敛。促进民营经济发展关键是建立平等的市场竞争机制。这包括金融环境的完善，让民营企业能够较容易地获得资金支持，而不是将有限的资金补贴给国有企业；进一步开放市场，允许外来民营资本进入本地市场参与竞争，而不是依靠政府垄断；减少民营企业税费负担；让在民营企业就业的农村务工人员同国企一样解决户口与福利待遇。

执笔人：施戍杰

参考文献

[1] 陈斌开，林毅夫．重工业优先发展战略、城市化和城乡工资差距．南开经济研究，2010（1）

[2] 陈玉宇，黄国华．中国地区增长不平衡与所有制改革．经济科学，2006（1）

[3] 弗里德里希·李斯特．政治经济学的国民体系．北京：商务印书馆，1961

[4] 何一峰．转型经济下的中国经济趋同研究——基于非线性时变因子模型的实证分析．经济研究，2008（7）

[5] 李光泗，徐翔．技术引进与地区经济收敛．经济学（季刊），2008（3）

[6] 李国璋，周彩云，江金荣．区域全要素生产率的估算及其对地区差距的贡献．数量经济技术经济研究，2010（5）

[7] 李云娥．对外开放必然带来经济增长吗？——基于二元经济转换的视角．南开经济研究，2014（1）

[8] 林毅夫，刘明兴．中国的经济增长收敛与收入分配．世界经济，2003b（8）

[9] 林毅夫，刘培林．中国的经济发展战略与地区收入差距．经济研究，2003a（3）

[10] 刘军，徐康宁．产业聚集、经济增长与地区差距——基于中国省级面板数据的实证研究．中国软科学，2010（7）

[11] 刘瑞明．所有制结构、增长差异与地区差距：历史因素影响了增长轨迹吗？．经济研究，2011c（增2）

[12] 刘生龙，王亚华，胡鞍钢．西部大开发成效与中国区域经济收敛．经济研究，2009（9）

[13] 陆铭，向宽虎．破解效率与平衡的冲突——论中国的区域发展战略．经济社会体制比较，2014（4）

[14] 南亮进．日本的经济发展（修订版）．北京：经济管理出版社，1992

[15] 潘文卿．中国区域经济差异与收敛．中国社会科学，2010（1）

[16] 彭国华．中国地区收入差距、全要素生产率及其收敛分析．经济研究，2005（9）

[17] 石磊，高帆．地区经济差距：一个基于经济结构转变的实证研究．管理世界，2006（5）

[18] 万广华，张藕香，伏润民．1985—2002 年中国农村地区收入不平等：趋势、起因和政策含义．中国农村经济，2008（3）

[19] 魏杰，施戍杰．厉行节约的关键是转变政府主导型增长方式．税务研究，2013（8）

[20] 徐现祥，李郇．中国省区经济差距的内生制度根源．经济学（季刊），2005，4（增）

[21] 许召元，李善同．区域间劳动力迁移对地区差距的影响．经济学（季刊），2008，8（1）

[22] 亚历山大·格申克龙．经济落后的历史透视．北京：商务印书馆，2012

[23] 余吉祥，沈坤荣．跨省迁移、经济集聚与地区差距扩大．经济科学，2013（2）

[24] 余吉祥，沈坤荣．中国农村居民工资性收入的地区差距：影响因素及路径．世界经济，2010（1）

[25] 张文武，梁琦．劳动地理集中、产业空间与地区收入差距．经济学（季刊），2011，10（2）

[26] 周黎安．晋升博弈中政府官员的激励与合作——兼论我国地方保护主义和重复建设问题长期存在的原因．经济研究，2004（6）

[27] 周黎安．中国地方官员的晋升锦标赛模式研究．经济研究，2007（7）

[28] Baldwin R E Okubo T. Heterogeneous firms agglomeration and economic geography：spatial selection and sorting. Journal of Economic Geography，2006，6（3）

[29] Barro R Sala – i – Martin X. Convergence. Journal of Political Economy，1992，100（2）

[30] Barro R Sala – i – Martin X. Technological diffusion convergence and growth. Journal of Economic Growth，1997，2

[31] Caselli F Coleman II W J. The US structural transformation and regional convergence：A reinterpretation. Journal of Political Economy，2001，109（3）

[32] Deardorff A V. Rich and poor countries in neoclassical trade and growth. Economic Journal，2001，111（470）

[33] Galor O. Convergence? Inferences from theoretical models. Economic Journal，1996

[34] Melitz M J. The impact of trade on intra – industry reallocations and aggregate industry productivity. Econometrica，2003，71（6）

[35] Meng X. Economic restructuring and income inequality in urban China. Review of Income and Wealth，2004，50（3）

[36] Okubo T Picard P M Thisse J F. The spatial selection of heterogeneous firms. Journal of International

Economics, 2010, 82 (2)
[37] Ottaviano G I P. ‘New’ new economic geography: firm heterogeneity and agglomeration economies. Journal of Economic Geography, 2011, 11
[38] Yao S Zhang Z. On regional inequality and diverging clubs: a case study of contemporary China. Journal of Comparative Economics, 2001, 29 (3)

案例研究一

区域协同增长的上海案例

一、上海与周边区域协同增长历史沿革分析

近代时期以前，上海无论在地理空间上还是在长三角的城市序列中都处于边缘的地位，那时长三角的中心城市是苏州和杭州，上海的崛起主要得益于鸦片战争后中国的对外开放，由于得天独厚的地理位置，上海在鸦片战争以后很快成为西方各国进入中国的桥头堡，从积极意义上说，上海也就成了中西方文化交流的窗口和枢纽。自近代以来的 150 多年的时间里，以上海为中心的长三角地区大致经历了三个阶段。

第一阶段（1842～1949 年），该阶段外国商品开始涌入中国，中国原料型产品开始向外出口，外商贸易与金融机构也开始进入中国。同时进口替代性的早期现代工业也开始发展。19 世纪下半叶，通过大规模的基础设施建设，上海已崛起为一座工商业大都市，到 20 世纪 30 年代成为整个长三角乃至全国的贸易中心、金融中心和工业中心。同时，无锡、南通、宁波也通过优越的地理区位对外通商、以港兴市成为次一级的重要城市，而杭州、镇江、扬州、苏州、常州等老城因

为大运河的衰退而地位下降。

第二阶段（1949~1978年），是计划经济体制年代长三角地区城市功能趋同阶段。当时，中国选择了苏联式高度集中的计划经济体制和封闭型经济发展战略，导致各城市千篇一律大办工业，变消费城市为生产城市，使得城市功能趋同，城市化进程极其缓慢。

第三阶段（1978年至今）在1978年后，上海与周边区域协同增长过程中，主要经历了改革开放、浦东开发及21世纪初加入WTO，以这三点为主要时间轴，上海经历了发展停滞后的“重生”，确立了长三角“龙头”地位，进一步凸显了“增长极”效应。

改革开放和发展社会主义市场经济阶段，长三角地区城市功能重新分化、重组。上海以其优越的地理区位重新成为国际性大都市。过程中，整个长三角地区城市群中重点城市的发展是在交通等基础设施发展的基础上，依靠港口、航道、交通枢纽等重要区位，内引外连，以上海为贸易、金融、信息中心向海外发展。其间，上海的中心地位有一个从确立到消失到再确立的过程，整个三角洲城市群的城市网络也经历了从发展到停滞到再发展的过程。

20世纪80年代末90年代初，上海在总结了前十年有关改革开放的经验教训的基础上，提出了以浦东开发开放为突破口，浦东浦西联动，加速上海改革开放步伐的战略思路。浦东开发开放使得上海再度崛起，并再一次确立了在长江流域中心城市的地位，上海经济发展从长期低于全国平均水平一跃成为增长领先地区，从1992年以来，上海一直保持着两位数的经济增长率，其不仅在长三角，乃至在中国经济中的核心地位也得到巩固和加强。在浦东开发开放的影响下，通过中央给予的优惠政策和吸引外资方面的优势，长三角地区的改革、开放和经济发展也进入了一个新阶段，80年代长三角地区经济发展“群龙无首”的局面开始有所改观。

进入21世纪后，由于国际化趋势的加速以及国企改革的因素，上海与长三角协同增长得到进一步加速。一方面，由于中国加入WTO以后，国际制造业向中国大陆，特别是向中国沿海地区转移趋势趋于明朗，而以上海为标志物的长三角在中国沿海发达地区中的地位在这一波国际产业转移浪潮中已经超过珠江三角洲，成为外商在中国投资的首选地区，而在外商眼中，作为投资对象的上海，并不仅仅是一个中国行政区划版图上的上海，而是一个以上海为圆心，以基础设施的动态条件为可伸缩的距离半径的这样一个广阔的地域，其中涵盖了上海周边城市。另一方面，由于市场体制建设加上国有企业改革的加速，进一步激活了民营经济的活力，在浙江南部的温州地区以及宁波、嘉兴等和上海具有比较紧密联系的地区，许多民营企业通过各种途径“移师上海。”①

二、上海及长三角区域协同增长态势

协同增长包括两个层面：一是区域内部各要素间的协同，即通过强化区域内经济、社会、技术、文化和生态等子系统的相互关系，促进区域全面、协调、可持续发展；二是通过区域内不同城市间协同，实现不同城市之间要素优化配置、职能合理分工，达到促进区域整体竞争力和提升对外影响力的目标。协同增长具有独立性、整体性、相

① 陈建军：“长江三角洲区域经济一体化的三次浪潮”，载《中国经济史研究》2005年第3期，第113～122页。

对性和过程性的特征①。

（一）区域内协同

1. 经济发展

截至2016年，长三角核心16城市生产总值突破12万亿元，达12.3万亿元，增长7.8%，增速比2015年回落0.4个百分点，高于全国平均水平1.1个百分点，区域经济总量占全国的比重达16.5%。

从产业协同角度看，上海市的产业结构等级最高。随着经济发展及分工和专业化水平的不断提高，上海市产业结构逐步优化，到“十二五”时期第三产业的比重达到51.61%，首次超过第二产业，进入工业化后期的高级阶段。随着服务业整体的不断发展，其内部结构也得到了有效改善。生产性及分配性服务业发展最为迅速，金融、物流、商贸、旅游、信息服务等重点服务业比重在65%以上；同时，文化、创意、会展、电子商务、教育培训等新兴服务业发展势头迅猛，成为新的增长点。周边区域的产业分工具有明显的省域经济特征，目前仍处于工业化中级阶段，“苏南模式”以乡镇工业企业为主，“浙江模式”集中于发展民营经济。上海市作为区域增长极，在产业发展过程中，工业企业产能逐步转移到周边区域，同时上述新兴服务业由于信息化的发展，也辐射于周边城市。

2. 社会发展

上海和长三角其他城市在市场准入和监管、资金融通、人才交流和产业链的携手共建方面，合作、联动和协调发展的行动也在不断加强，特别是近年来，在工商、信息、金融和人才共同市场和服务平台

① 曾刚、王丰龙：“长江经济带城市协同增长能力测评研究”，载于《学术前沿》2016年第1期，第58~64页。

一体化建设方面进行了不少探讨和磋商，达成了多项共识。

其中，重大交通基础设施的无缝对接打破了都市圈城市间的区域壁垒，拉近了时空的距离，扩大了都市圈城市间合作发展的空间。长三角地区拥有水路、铁路、公路、航空、管道现代化运输方式，基本形成以上海为枢纽，南京、杭州为次级枢纽，以铁路运输和江河运输为主干道的区域综合交通运输网络；已建成宁汉光纤电缆、宁沪杭微波干线，从而为地区之间开展横向联合、实施经济一体化提供了有力的保证。大规模的基础设施建设，不仅使长三角内部的交通条件得到了明显改善，进一步密切了相互之间的经济联系，促进了生产要素流动，而且扩大了长三角的对外通道，提高了整体竞争能力。

3. 技术创新

从技术扩散角度分析，长三角是我国经济社会较为发达的地区，拥有经济基础好、技术力量雄厚的优势。区域技术扩散呈现出以上海为一级中心，以区域特大城市南京和杭州为次级中心，以苏州、常州、无锡等区域中等规模城市为第三级中心，空间梯度辐射式扩散和跳跃式扩散相伴而生的规律。

2015 年 5 月 26 日，上海发布《关于加快建设具有全球影响力的科技创新中心的意见》，意味着加快上海市建设具有全球影响力的科技创新中心已加快实际步伐。为上海市产业结构转型提供实施决策依据，通过技术进步联动周边区域产业技术升级，实现产业结构转型，在此过程中，产业转移也在同步发生。上海创新资源集聚更为丰裕、各类主体共振交流更为紧密，成果产出支撑未来发展潜力巨大。新兴产业发展引领力指标提升速度亮眼，2015 年新兴产业发展引领力指数达到 199. 2，表明新兴产业的先发优势累积更快更多、更加显著，创新经济新动能正在加速凝聚。创新创业环境吸引力和区域创新辐射带动力指标自 2014 年以来也加速提升趋势明显，2013 ~ 2015 年间的年均增长率分别达到 16.0% 和 17.9%，城市创新生态系统能级持续提升，科技创新向外溢出效应和国际化水平显著提高。

4. 生态保护

作为一个高度开发的经济体系，上海与周边城市之间的人流、物流、能源数量庞大，必然会影响到区域生态环境，并最终在区域环境关系上有所体现。长三角环境要素流动的基本特点是：能源资源大量输入、人口净输入、产品大量输出。全流域一次能源的自给率不足 20%，主要从外省市输入和进口，随着经济的发展，其矛盾将更加突出。同时，土壤、大气环境资源的保护已经纳入立法层面，较前些年的管理机制更加趋严、趋紧。作为环境资源及污染跨区域流动的特性，相关治理的实施手段也需要从区域整体角度进行协调。

2015 年底出台的《上海市生态保护红线划示规划方案》，将上海 4364 平方公里划为生态保护红线范围内。根据《方案》，未来上海将维护东海滩涂湿地及与之依存的自然保护区、杭州湾湾区、长江及黄浦江水源保护区、淀山湖湖区和崇明三岛等长江口岛群五大城市基础性生态源地。

（二）区域间协同

政府政策协调机制层面，长三角地区陆续出台了各自地区的产业规划，其中，上海定位于国际经济、金融、贸易和航运中心之一；浙江杭州湾地区和江苏沿江地区定位为制造业基地，尽管也发展服务业，但是主要辐射范围为省内一定区域。从战略定位和服务业发展来看，长三角的产业规划是协同的。同时，地方政府间在合作宣言基础上，还签订了一系列省市间合作协议：2014 年 12 月 11 日，江苏、浙江、安徽和上海市商务部门负责人在上海共同签署了《推进长三角区域市场一体化发展合作协议》（以下简称《协议》），《协议》的签署将有利于建立紧密合作工作机制，发挥中国（上海）自由贸易试验区溢出效应。《协议》从规则体系共建、创新模式共推、市场监管共治、流通设施互联、市场信息互通和信用体系互认等六个方面加强区域合作，着力打破地区封锁和行业垄断，建设长三角区域一体化大市场，形成具有国际竞争力的长三角世界级城市群。

三、上海与周边区域协同增长路径

经济的发展、贸易自由度的提高以及交通运输条件的改善促进了劳动、资本等生产要素在地区间的有序流动。以上海为核心的城市群经济网络中，上海与核心区共建创新网络、生产性服务业网络和国际旅游圈，重点突出服务业之间的协调发展；上海与潜力区以产业共建园等方式培育增长极，重点突出服务业与制造业的协调发展；上海与外围区通过建立“区域基金”和“环境基金”等方式专项领域对口扶持，重点加强劳动力、能源等要素的协调。

（一）经济

在产业方面，主要通过发展各类园区、管理与品牌输出及产业链整体转移三种方式，上海与周边区域进行产业协作。

一是发展各类园区。目前主要采取以产业共建园方式，交由合作双方成立的合资股份公司管理，收益按照双方股本比例分成。如，上海市北高新（集团）有限公司与南通市港闸区人民政府合作开发上海市北高新（南通）科技城。整个项目由上海市北高新（集团）有限公司现金出资90%，南通国有资产投资控股有限公司现金出资10%，共同成立上海市北高新集团（南通）有限公司，以土地一级开发商的身份，参与规划5.24平方千米范围内的市政基础设施和配套建设。还有建设生产基地模式，园区合作采取“总部经济、异地生产、统一经营”的方式，生产基地转移至异地工业园区。

二是管理与品牌输出模式。如，上海漕河泾开发区2009年11月与江苏盐城共同成立了上海漕河泾开发区盐城分区公司，漕河泾以园区品牌入股占股60%，授权园区使用开发区的品牌，以提供咨询顾问服务，功能服务输出，同时输出管理团队，重点发展新能源汽车、零部件、新光源和新能源装备制造等项目。

三是产业链整体转移。为利用长三角腹地的廉价土地和劳动力资源，大量劳动力密集型企业迁移，并带动配套企业协同迁移。如2015年末，京东方第10.5代薄膜晶体管液晶显示器件（TFT－LCD）生产线在合肥新站区开工建设，吸引康宁公司（10.5代液晶玻璃基板项目）等多家配套企业到合肥落户，形成半导体显示产业链集群化布局。

四是产业分工。由于上海目前正打造“五个中心”，制造业正在逐步向周边地区转移。太仓与上海地缘相接，方便大众、通用、福特这样的整车厂定期前来评审产品质量；同时，太仓德资企业密集，便于产生集聚效应；太仓市通过政策配套及强化规划引导培育，大力支持汽车零部件产业的发展。在过程中，强调民企、德企的合作，推进来自上海的汽车零部件企业与德资汽车零部件企业配套协作，提升区域汽车零部件产业竞争优势，抓住产业分工机遇，太仓正着力打造汽车零部件的产业集聚地。

（二）社会

1. 人口

产业转移的本质为劳动要素的流动，劳动力作为劳动要素之一，具有流动性的特征。2005～2010年，从外省迁入长三角地区的人口达1817万人，而在长三角内部，迁移流动人口超过4000万人，目前，该区域已成为我国人口迁移流动的核心地区。以下将从人口流入和流出两方面来说明人口流动在上海协同周边区域发展中所起的作用。

从统计数据显示，截至2015年末，上海981多万外来人口中，由苏、浙两省流入的分别是150.35万人和45.05万人，其中，每50个常住人口中就有1个是研究生。人口流入得益于教育事业的快速发展以及上海本身作为长三角地区高校集中地，其留下了高素质青年就业人员。一方面，这些青年人员的流入减缓了上海市人口老龄化的进程；另一方面，作为技术生产力的载体，这些人员在生产技术提高方面起到了关键性作用，对一座城市的生产力起到决定性作用。

在人口流出方面，2015年上海常住人口总数为2415万人，同比下降0.4%，为2001年以来的首次负增长。这些外移人口主要是在大城市从事低端产业的，同时也有一部分没有落下户籍的大学生。这一方面与房价和生活成本有关，另一方面也是上海产业升级的必然结果。由于土地承载能力有限和资源矛盾突出，目前，上海已经加强人口的总量控制，优化人口结构，逐步引导人口向核心地区尤其是上海周边地区转移，引导外围地区城镇增量人口向潜力地区集聚，同时加强户籍、社保、土地等相关政策的制定，为上海人口规模控制和人口结构优化提供支撑。

2. 交通网络

通过近十年的基础设施投入，在区域总体规划的框架下，通过道路、铁路等立体公交通行体系的构建，通过着力打造“90 分钟交通出行圈”，构建上海与苏州、无锡、南通、宁波、嘉兴、舟山等地区协同增长的上海大都市圈，强调“同城效应”的作用。

《上海市城市总体规划（2016—2040）（草案）》中，明确提出，要优化上海大都市圈格局，构建更加高效的对外交通网络：明确京沪、沪昆、沿江、沿海、内陆通道、华东第二通道六条区域交通走廊；建设以上海为核心的一小时通勤圈、两小时商务圈和五小时物流圈，分别加强上海与大都市区、核心区和潜力地区的客货运联系。在轨道交通方面，上海与周边区域正在加强快轨交通联系，尤其是北沿江城际铁路通道，是作为上海的铁路枢纽、机场枢纽之间的衔接。同时，在上海市区域内的轨道交通方面，通过线路延伸，比如，轨道交通 11 号线既是嘉定地区进出市区的市郊线路，同时也是中心城西部的一条南北客流主通道，还延伸至江苏昆山花桥地区，兼顾省际客运服务。

3. 港口物流

长三角地处我国“T 字形”生产力布局轴线的接合部，是联结沿海和中西部地区的天然纽带，在长江流域与沿海及国外的运输联系中，该区域起着江海陆联运中枢的作用；同时长江下游是长江干流上的深水泊位分布区段，南京以下全年可通航两万吨级船舶，安庆以下全年可通五千吨级船舶，因而长三角是长江沿岸与沿海及远洋的部分大宗内外贸易货流中转运输的枢纽地域。其次，长三角邻近西太平洋航线，随着世界经济重心向西太平洋和亚太地区的转移，依托上海国际航运中心，长三角将成为长江流域与环太平洋区域经济联系的重要门户。

上海港已基本形成铁路、公路、水运、航空等多种运输方式组成的综合运输网络，是国内最大的交通枢纽之一，是长三角及长江流域中转货物运输最为便捷、总运输成本最低的港口。周边城市区域通过与上海港差异定位和互补，形成错位发展，整合区域港口资源，提升港口整体竞争力。以宁波—舟山港为例，要利用好国家推进建设上海两个中心战略提供的发展机遇。从集装箱运输业务来说，在宁波—舟山港与上海港的错位发展中，根据各自特点、地理位置、综合条件以及两港集装箱运输的现状，两港在集装箱运输上的港口级别的错位定位为：上海港是我国集装箱运输的枢纽港，在已经是我国集装箱干线港的基础上，逐步发展成为国际集装箱运输的中转枢纽港；宁波—舟山港是集装箱运输的干线港，作为长三角南翼地区集装箱运输的重要港口，则开辟更多的国际集装箱班轮的干线航线。

4. 公共服务

公共服务领域，主要涉及百姓民生生活实际问题，以下将从医疗资源角度，探析公共服务资源的共享途径。有报告显示，近年来从常住人口的每数千人口床位数来看，上海在长三角地区占据优势；从常住人口的每千人医护人员数来看，苏、浙、沪三省市基本在同一水平；从总的诊疗人数看，结合各省市的地域面积和总人口数看，上海市医疗机构的医疗任务明显多于其他三省。

目前，上海与周边区域医疗服务方面，主要采取技术合作和合资合作。其中，技术合作型：合作方式为临床技术合作、学科建设、科研协作、专家会诊、病人转诊和接收医护管理人员进修学习等内容，不涉及对方医院运行和人事任命，也不涉及财物、编制等问题。这是目前上海三级医院赴外省办医的主要形式，也是大部分有意愿的医疗机构建议的办医方式。但由于受体制、资产、管理机制的影响，这一模式只能建立一些局部范围的合作，无法从制度上保证合作医院的综合竞争力及经营效能的整体提升。作为另外一种合作模式，合资合作性是相较一种更加重资产的合作方式，具体方式为上海市的三级医院与当地政府合资合作办医院，或由当地政府负责投资建设，上海市三级医院全面托管或技术参股的方式共同办医。这一模式合作关系紧密，合作周期长，需要得到当地政府的全力支持和与之配套的支持政策，从制度上予以保证和规范[①]。

同时，长三角区域一直在协同探索异地就医结算项目，目前试点主要有两种模式：一是跨省市的异地报销，参保人在异地看病，先支付现金，然后在就医地的医保部门报销；二是同省范围内的“同城待遇”，参保人凭卡在异地看病，只支付个人负担部分，其余部分则由医院与参保地直接结算，参保人无须先行垫付。目前，江苏、浙江两省已经在各自省域范围内进行试点，后期将在此模式的成熟条件下，进一步探讨与上海医院进行结算的模式，进一步打破异地就医的壁垒。

（三）科技

在科技联合攻关方面，上海市科委从2004年起设立了长三角科技联合攻关计划；近年来，更加聚焦民生保障、公共安全、环境保护等领域，一是打造区域协同公共服务体系，构建区域功能性服务平台，促进区域资源的融合互补；二是围绕区域共性关键技术和国家战略布局，开展联合攻关技术研究推动重大科技成果在长三角区域内示范应用和产业化进程。2014年，为对接国家北斗战略，支持实施了“长三角地区北斗高精度位置服务平台机器示范应用”项目，在长三角区域建立了首个专门针对海洋应用的北斗连续运行参考站系统，有效保障

---

① 姚丽萍：“长三角医疗合作趋势技术或合资”，http：//news. 163. com/14/1021/15/A93D3QOJ00014AED. html，2014年10月12日。

上海市北斗导航、海工装备等高端制造业的发展①。

在科技资源共享方面，三省一市共同建立了“长三角大型科学仪器协作共用网”（简称“长三角大仪网”）等公共科技基础设施。截至2016年底，“长三角大仪网”已集聚区域内的1576家单位的22967台（套）大型科学仪器设施，总价值超过251.56亿元人民币。其中，价值在50万元以上的仪器设施达14170台（套）。上海还先后与浙江、江苏合作，探索“创新券”区域内通用通兑机制，当地的企业使用上海的仪器和技术服务，可获得当地的科技券补贴支持。以苏州为例，据统计，2016年，上海的41家实验室的232台大型仪器为426家苏州企业提供了4740次服务，服务金额达613万元。

（四）生态

生态环境是一种重要的资源和公共产品，生态环境的建设与保护具有真正的外部效应，会产生收益的外溢；而生产和消费活动所造成的环境污染和生态破坏是一种负的外部效应，会产生成本的外溢。区域生态环境是一个有机的整体，区域内和区域间生态环境因子存在着千丝万缕的联系，区域生态环境问题仅靠区域内个别政府难以解决，必须要有全局的观点和系统的措施。

在规划方面，长三角区域内，贯通“四横三纵”区域生态廊道以及保护区域生态板块；建立长三角环管局，对区域环境污染进行控制与协调，明确管理机构的法律地位和管理的职责范围；重点加强区域水环境生态循环治理，贯通长江以南的第二条东西向区域水系廊道南运河，强化区域水生态循环。通过区域生态环境的改善，进一步优化

---

① 中国新闻网：“上海推进长三角‘科创网络’建设”，http：//www.shzgh.org/node2/node4/n1021/n1022/n1043/u1ai107716.html，2017年3月2日。

上海及周边区域的生态环境格局。

在联合生态治理方面，也有许多实质合作案例。例如，2013 年立项的“长三角区域示范重点城市和高速路网机动车动态排放空气污染预测预警系统开发研究”项目，选取沪浙区域内主干道路作为试验区，对机动车排放对大气造成的污染、PM2.5 居高不下的影响开展共同研究，构建长三角区域重点城市机动车排放污染预警系统，并作为长三角区域机动车污染排放控制决策的长效管理技术支撑平台，直接服务于区域大气污染预测预报的决策支持、污染控制及其效果评估。

（五）空间布局规划

城市空间布局优化对产业结构调整的促进作用应有效发挥。要遵循产业发展与城市规划的客观规律，整合现有规划、土地等领域的管理资源、相关标准，正确处理城市规划与城市发展动力、空间布局结构、管理体制机制和企业组织结构等方面的关系。上海的发展目前受限于土地供应增量和存量的双重约束，需要在清晰定位的前提下，将部分产业及功能进一步迁移周边城市，形成更多的卫星城。

卫星城，顾名思义，“就是地处大都市周边、同大都市的中心城区有一定距离、具有一定数量人口规模，并且同大都市中心城区有着密切联系的新兴城镇”。这一定义点明了卫星城的地理位置以及与中心城区的关系[①]。从这层意义上来讲，就决定了卫星城的建设是为中心城区的发展服务。20 世纪 50 年代，上海开辟卫星城，也正是为了解决市区工业发展空间狭小的问题。如今，江苏省海门市通过对接上海的各方位措施，已有上海“卫星城”的缩影。通过承接上海的产业

---

① 李如皭：“上海卫星城：从认识到实践”，http://money.163.com/16/0112/10/BD4EE96N00253B0H.html，2016 年 1 月 12 日。

转移，为上海提供产业配套，助推区域产业布局合理化。同时，为上海大都市提供全方位服务，发挥海门市文教科研、国际交往活动和旅游服务基地的作用，延伸上海大都市的部分功能。以此，从上海现有的人口规模中“分流”出一部分，从可能落户上海的人口中“截留”一部分，起到缓解上海大都市人口压力的作用，同时，也快速扩张海门的城市规模，实现了海门的发展。

（六）区域间协作

由于长三角涉及城市数量多，公共设施、产业转移、科技创新等领域的合作在交通路网、信息通信等商务基础设施完善的基础上，在国家层面制定长三角区域规划的条件下，需要进一步通过各地方政府的协作，通过各种方式的交流形式，解决区域发展中存在的问题，并且给予进一步的落实。

2008 年起，长三角政府层面实行决策层、协调层和执行层“三级运作”的区域合作机制，确立了“主要领导座谈会明确任务方向、联席会议协调推进、联席会议办公室和重点专题组具体落实”的机制框架。长三角区域合作采取轮值制度，每年由一个省（市）作为轮值方。

决策层即“长三角地区主要领导座谈会”，沪、苏、浙、皖三省一市省（市）委书记、省（市）长出席，三省一市常务副省（市）长、党委和政府秘书长、党委和政府研究室主任、发展改革委主任和副主任列席。协调层即由沪、苏、浙、皖三省一市常务副省（市）长参加的“长三角地区合作与发展联席会议”。执行层包括“联席会议办公室”和“重点合作专题组”。沪、苏、浙、皖三省一市分别在发展改革委（或合作交流办）设立“联席会议办公室”，分管副主任兼联席办主任。目前设立了交通、能源、信息、科技、环保、信用、社保、金融、涉外服务、城市合作、产业、食品安全 12 个重点合作专题。城市合作专题固定由上海市牵头，上海市政府合作交流办具体负责；其他专题由当年轮值方牵头[①]。

四、“十三五”期间上海与周边区域协同增长机遇及建议

（一）发展机遇

从国家层面看，“十三五”期间，丝绸之路经济带、长江经济带和海上丝绸之路“两带一路”战略将得到切实推进，传统的块状区域为主导的发展战略将让位于带状区域为主导的发展战略。依托“两带一路”战略，国家将构建新的区域协调发展机制——在全国统一大市场框架内，通过经济产业社会的深度合作交流与高速铁路、高速公路、城际铁路等基础设施有效连接，真正让区域和城市群间的“要素流动起来、机制完善起来、市场统一起来”，更好地通过促进要素自由流动，让市场在资源配置的过程中发挥决定性作用，长三角区域一体化将驶入快车道。

从上海区域层面看，2013 年 8 月，中国（上海）自由贸易试验区（以下简称自贸区）的建立将给周边区域的发展带来一个崭新的环境，是周边区域建立更高水平的开放型经济体系的一个重要参照系。根据“制造业 - 服务业协同增长”原理，上海作为长期为长三角地区提供降低交易成本的经济中心，其现代服务业发展水平越高，周边区域尤其是江苏、浙江的现代制造业就会越发达。

---

① 上海市发展与改革委员会：“长三角区域合作协同机制简介”，http：//www.shdrc.gov.cn/fzgggz/cyfz/gyfz/19015.htm，2015 年 12 月 15 日。

在自贸区的通关一体化和便利化方面，提高货物在关口周转的效率，降低成本，依靠长三角本身港口岸线资源丰富的优势禀赋，通过长三角区域内建设通关一体化，一方面减小上海自贸区货物存量压力，另一方面提高货物的中转效率。同时，上海自贸区自然溢出企业也可就近区域发展，提高当地的经济发展，促进产业升级。

同时，随着启运港退税政策试点的启动，原来的“国内货物、国外中转”，将变为“国内货物、洋山中转”，缩短了企业出口退税时间，降低了资金占压成本，提高了企业资金周转和使用效率，能有效减少每年国内流失到国外港口的中转箱量。长三角区域由于围绕上海中心城市分布，其区域内企业通过地理位置及交通优势，可进一步增强企业经济活力。

目前，外高桥保税区已初步形成酒类、钟表、汽车、机床、化妆品、医疗器械、工程机械、生物制药、健康产品、文化产品等十大类专业贸易平台。一方面，提高了外高桥的国际贸易专业化程度，使入驻专业贸易平台的企业能更有效、更便捷地办理通关商贸事务，从而提升企业效益，创造更大的价值；另一方面，通过贸易集聚效应，进一步增强了与周边区域及企业的辐射效应。同时，长三角有许多综合保税区，这些区都有报税加工和保税物流的功能，今后可以和上海的离岸贸易、国内贸易相对接，在保税物流上有所发展。

（二）对策及建议

第一，构建以上海为核心的经济网络：以经营创新、业态创新、组织制度创新和扩大开放为突破口，实现经济发展方式转变、产业结构升级示范工程和引领工程。通过打造先进制造业中心、现代服务中心和国际航运中心，充分发挥上海给周边区域经济发展带来的区域一体化、虹吸及扩散效应。周边区域通过规划政策引导及基础设施建设，加强自身产业转移承接能力。

第二，构建多中心、网络化空间体系：以上海为核心，南京、杭州为区域中心城市，宁波、苏州、无锡、合肥为区域副中心城市，重点发展六条城镇和产业联系通道（包括京沪通道、沪昆通道、沿海通道、沿江通道、华东第二通道、陇海通道）；以都市圈、大都市区等作为城镇化的主体形态，重点发展上海大都市区以及南京都市圈、苏锡都市圈、杭州都市区、宁波都市区、合肥都市圈、芜马城市组群等次区域。

第三，构建更加高效的对外交通网络：明确京沪、沪昆、沿江、沿海、内陆通道、华东第二通道六条区域交通走廊；建设以上海为核心的一小时通勤圈、两小时商务圈和五小时物流圈，分别加强上海与大都市区、核心区和潜力地区的客货运联系。

第四，提出更加平衡的人口政策：上海应加强人口的总量控制，优化人口结构，逐步引导人口向核心地区尤其是上海周边地区转移，引导外围地区城镇增量人口向潜力地区集聚，同时加强户籍、社保、土地等相关政策的制定，为上海人口规模控制和人口结构优化提供支撑。①

第五，在世界经济全球化发展的潮流和态势下，进一步加强上海与长三角地区经济协调发展的最终目标和中心，联动实现区域城市、经济、社会和环境的全面和协调发展，提高区域综合国际竞争力。

执笔人：潘文轩

① 国匠城："三大规划院——上海与长三角区域城镇群协同增长战略研究"，http：//www.planners.com.cn/news_ show.asp？class_ id＝3&news_ id＝545&pageno＝1，2015 年 5 月 29 日。

案例研究二

贵州协同增长的动力和路径

贵州位于我国西南地区东部，东毗湖南、南邻广西、西连云南、北接四川和重庆。全省面积17.61万平方公里，辖贵阳、六盘水、遵义、安顺、毕节、铜仁6个地级市，黔东南、黔南、黔西南3个自治州，1个国家级新区（贵安新区），9个县级市和79个县（区、特区），其中少数民族自治县11个。贵州能源、矿产、生物、旅游等资源丰富，生态环境良好，2016年末全省常住人口3555万人。

近年来，贵州经济社会加快发展，综合实力得到大大增强，主要经济指标增长速度位居全国前列，产业结构不断优化，高新技术行业正成为拉动本地经济增长的重要动力。本专题以贵州为例进行分析，对贵州省内不同地区以及贵州与其他地区如何通过协同增长，挖掘自身资源优势，培育新的增长动力进行全面深入的研究，这对我国其他地区，尤其是发展相对落后的地区实现协同增长，具有重要的借鉴意义。

一、当前贵州快速发展的主要特征

贵州通过把握发展机遇，结合自身优势，牢牢把握“发展”和

“生态”两条底线，实施以工业强省和城镇化带动的发展战略，取得了令人瞩目的成效，形成了具有贵州特色的协同发展道路。“十二五”期间，全省 GDP 年均增加 1180.1 亿元，年均增长 12.5%，占全国 GDP 比重由 1.2% 增加到 1.6%（见图 1），突破 1 万亿元，人均水平接近 5000 美元。2016 年，全省 GDP 总量 11734.4 亿元，比上年增长 10.5%，增速高于全国（6.7%）3.8 个百分点，连续 6 年位居全国前三位。

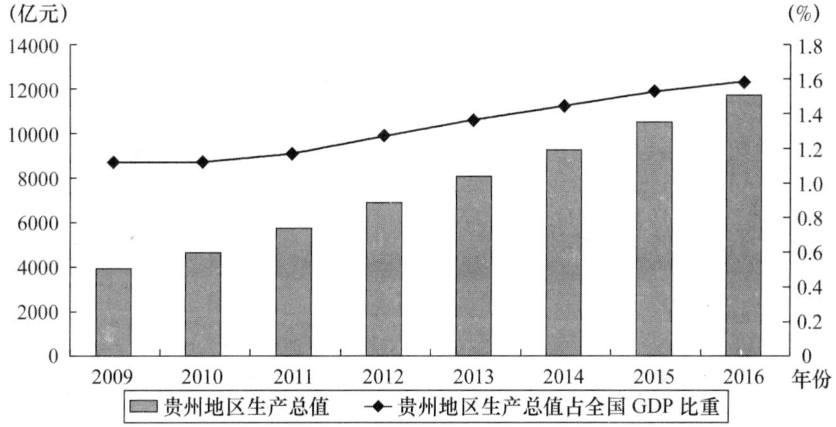

图 1　贵州地区生产总值及占全国 GDP 比重

资料来源：《贵州统计年鉴 2016》《2016 年贵州省国民经济和社会发展统计公报》。

（一）产业结构方面

一是用“大扶贫”战胜“最贫困”，依托大数据的“精准扶贫云”工程助力“大扶贫”，推进解决“三农”问题，提高人民的物质生活水平。2016 年，全省常住居民人均可支配收入 15121.2 元，比上年名义增长 10.4%，城镇常住居民人均可支配收入、农村常住居民人均可支配收入分别为 26742.6 元和 8090.3 元，分别比上年名义增长 8.8% 和 9.5%。

二是以“大旅游”打造有文化底蕴的旅游胜地，充分发挥贵州独特区位优势，发展极具民族特色的旅游产业。“十二五”期间，贵州年接待游客由2011年1.7亿人次增长至2015年3.8亿人次，实现旅游总收入由2011年1429.5亿元增至2015年3512.8亿元，带动就业234万人，受益人数超过470万人。2016年，全省旅游产业更是实现“井喷式”发展，全年共接待游客5.3亿人次，比上年增长41.2%，是2011年的3.1倍，实现旅游总收入5028亿元，比上年增长43.1%，是2011年的3.5倍（见图2）。

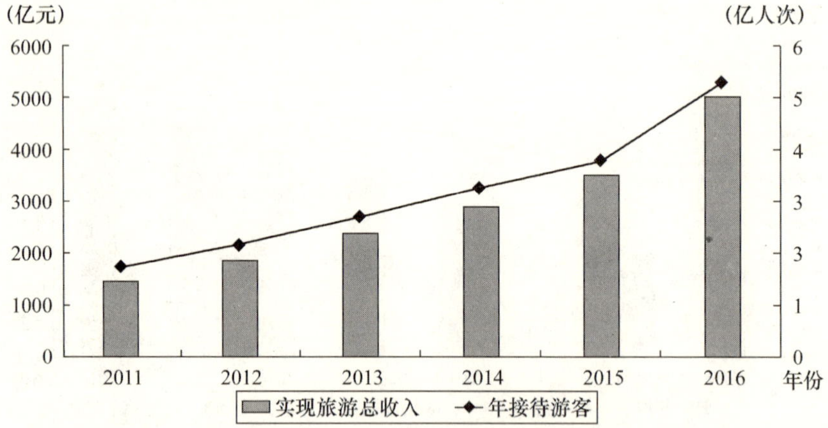

图2　贵州旅游产业发展情况

资料来源：《贵州统计年鉴2016》《2016贵州服务业发展报告》。

三是发展以大数据为引领的电子信息产业，促进数据资源开放共享，为贵州经济综合发展提供了动力。2016年，贵州大数据试验区建设呈现出大数据产业加快成长、大数据应用不断扩大、信息基础设施加快改善、发展优势持续巩固的良好态势，全年信息传输、软件和信息技术服务业增长30%以上，电商交易额达1400亿元，增长30%，农村电商交易额增长27.1%，规模以上农产品加工业增加值增长20%，带动第一产业增长6%。

（二）区域布局方面

按照“黔中带动、黔北提升、两翼跨越、协调推进”的原则，以黔中经济区为依托，全力打造以贵阳安顺一体化为核心，以快速铁路为主轴的贵阳至遵义、贵阳至安顺、贵阳至都匀凯里和贵阳至毕节产业带的“一核四带”，推动了“西翼”毕水兴经济带做大做强，促进了“东翼”东南部特色综合经济区加快发展，并结合发展条件，建设了包括：北部地区新型工业基地、黔东南部工业组团、安顺城市带工业组团、兴义—兴仁安龙—贞丰工业组团、毕节—大方—黔西工业组团、铜仁—玉屏—松桃工业带等一批产业发展组团，构建了“一区两翼多组团”的工业发展格局。按照规模以上工业统计口径，2016 年，贵州支柱产业产值增幅明显：其中，酒、饮料和精制茶制造业增加值比上年增长 12.8%，电力、热力生产和供应业增加值比上年增长 9.7%，非金属矿物制品业增加值比上年增长 18.3%；新兴产业中，计算机、通信和其他电子设备制造业，汽车制造业，医药制造业增加值分别比上年增长 66.6%、38.4%和 12.3%。

（三）区域合作方面

坚持以开放倒逼改革，主动融入“一带一路”和长江经济带、珠江西江经济带，创建了贵安新区、贵阳综合保税区、国家内陆开放型经济试验区等开放平台，成功举办了生态文明贵阳国际论坛、中国东盟教育交流周、酒博会、民博会、世界山地旅游大会等国际性重要活动，大大提升了贵州对外开放活跃度和投资开发吸引力。2016 年，全省引进省外实际到位资金 8086.4 亿元，比上年增长 12.1%，引进省外项目 4545 个，比上年增长 5.8%，全年实际利用外资 32.2 亿美元，比上年增长 27.4%。

二、贵州区域协同发展现状及现实困难

贵州“十一五”规划中，将全省9地（州、市）的88县、市、区划分为“一圈一带两区”四大经济区域，即贵阳城市经济圈、黔北综合经济区、毕水兴经济带和东南部特色经济区。

（一）区域发展总体情况

贵阳城市经济圈是以贵阳市为中心，辐射半径大约为80至100公里的区域，包括贵阳市各区市县，安顺市的西秀区、平坝县、镇宁自治县、普定县，黔南自治州的龙里县、惠水县、福泉市、贵定县、瓮安县、长顺县，共20个县（市、区）。2015年总人口800.5万人，占全省总人口的22.7%；第一产业、第二产业和第三产业占GDP的比重分别为7.3%、38.2%和54.5%。

黔北综合经济区，包括遵义市、毕节地区的1个县和铜仁地区的3个县，共18个县（市、区）。2015年总人口808.1万人，占全省总人口的22.9%；第一产业、第二产业和第三产业占GDP的比重分别为17.1%、42.7%和40.2%。

毕水兴经济带，包括六盘水市、黔西南地区、毕节地区的7个县（市），安顺市2县，共21个县（市、区）。2015年总人口1230.6万人，占全省总人口的34.9%，是四大经济板块中人口最多的区域；第一产业、第二产业和第三产业占GDP的比重分别为18%、40.9%和41.1%。

东南部特色经济区，包括黔东南州、铜仁地区的7县（市、区）和黔南州的6个县（市），共29个县（市、区），是贵州四大经济板

块中人口最少、经济总量最少的区域，也是典型的农业、旅游地区。2015年总人口690.3万人，占全省总人口的19.6%；第一产业、第二产业和第三产业占GDP的比重分别为20.3%、30.3%和49.4%。

在多种因素综合影响下，贵州四大经济板块发展不平衡，经济发展水平差异明显，总体表现为：中部凸起，东部、南部、西部和北部均低于中部，且东南部低于西北部。

（二）区域发展差异比较

1. 地区GDP和人均GDP差异

地区GDP和人均GDP是衡量区域协同发展水平重要指标。改革开放以来，贵阳城市经济圈一直是贵州经济发展的核心增长极，2015年，地区GDP总量达到3946.5亿元，占全省GDP的33.5%，比全省三分之一略强；黔北综合经济区在发展过程中与全省经济发展水平大体相当，2015年，地区GDP总量达到2668.3亿元，占全省GDP的22.6%。毕水兴经济带发展加快，2015年地区GDP总量为3416亿元，占全省GDP总量的29%。东南部特色经济区2015年地区GDP总量为1760.3亿元，占全省GDP总量的14.9%，是全省经济总量最弱的区域（见图3）。

贵州“一圈一带两区”人均GDP区域发展差异同样显著。2015年，贵阳城市经济圈人均GDP为49598.9元，比全省平均水平33509.2元高48%；黔北综合经济区人均GDP为33122.2元，相当于全省人均GDP的98.9%；毕水兴经济带人均GDP为27819元，相当全省人均GDP的83%；东南部特色经济区人均GDP为25528.2元，比全省人均GDP少7981元，只有全省平均水平的76.2%，相当于贵阳城市经济圈人均GDP的51.5%。

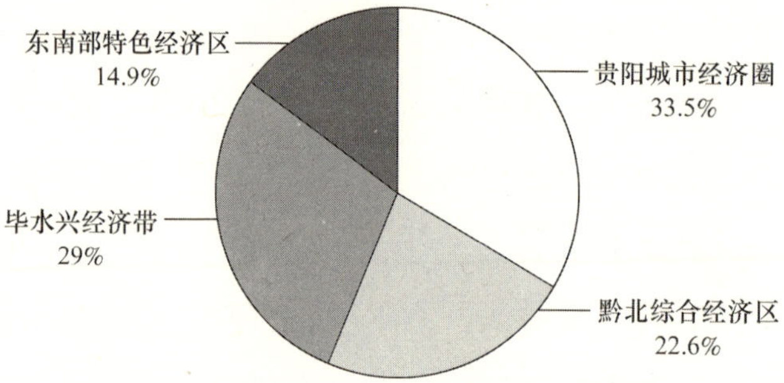

图 3　2015 年贵州"一圈一带两区"GDP 比重

资料来源：根据《贵州统计年鉴 2016》计算。

2. 地区财政收入差异

2015 年，贵阳城市经济圈一般公共预算收入 340. 7 亿元，占全省一般公共预算收入 37%，超过全省一般公共预算收入的三分之一；黔北综合经济区一般公共预算收入 165. 1 亿元，占全省一般公共预算收入 17. 9%；毕水兴经济带一般公共预算收入 260. 7 亿元，占全省一般公共预算收入 28. 3%；东南部特色经济区一般公共预算收入 154 亿元，占全省一般公共预算收入 16. 7%（见图 5）。

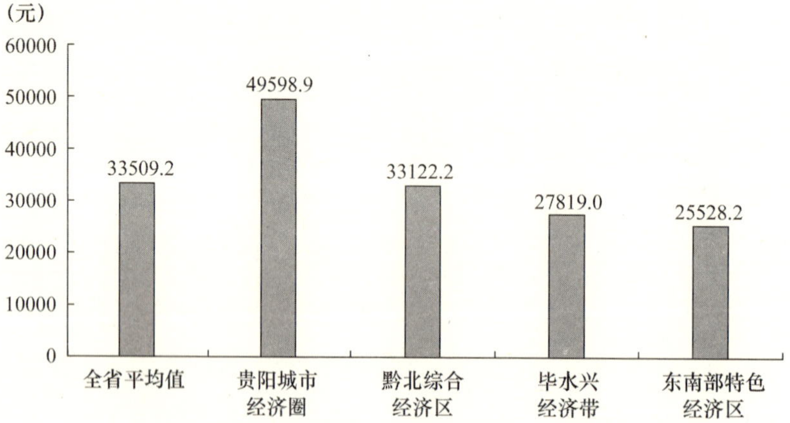

图 4　2015 年贵州"一圈一带两区"人均 GDP 情况

资料来源：根据《贵州统计年鉴 2016》计算。

从地区人均一般公共预算收入来看，"一圈一带二区"也是差异明显。2015 年，贵州人均一般公共预算收入 2608. 1 元，贵阳城市经

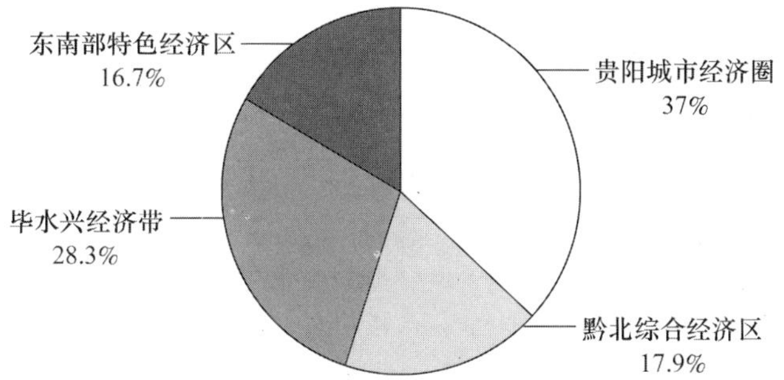

图5　2015年贵州"一圈一带两区"一般公共预算收入比重

资料来源：根据《贵州统计年鉴2016》计算。

济圈人均一般公共预算收入4256.4元，比全省平均水平高63.2%，是全省人均一般公共预算收入的相对高位区域；黔北综合经济区人均一般公共预算收入为2042.8元，是全省平均水平的78.3%；毕水兴经济带一般公共预算收入2118.5元，是全省平均水平的81.2%；东南部特色经济区人均一般公共预算收入2231.4元，是全省平均水平的85.6%（见图6）。

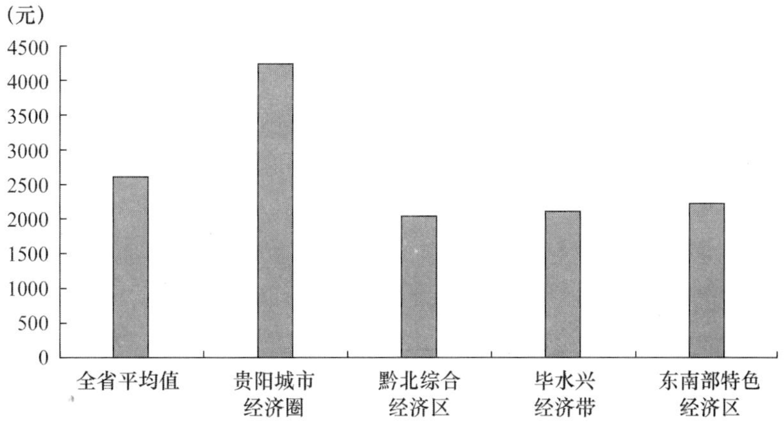

图6　2015年贵州"一圈一带两区"人均一般公共预算收入情况

资料来源：根据《贵州统计年鉴2016》计算。

3. 地区产业结构差异

2015年，除黔北综合经济区产业结构为"二三一"型外，贵州全省、贵阳城市经济圈、毕水兴经济带、东南部特色经济区产业结构均为“三二一”型，但特征各不相同（见表1）。

表1　2015年贵州四大经济板块产业结构差异　单位：%

	第一产业	第二产业	第三产业
全省	14.5	38.9	46.6
贵阳城市经济圈	7.3	38.3	54.4
黔北综合经济区	17.1	42.7	40.2
毕水兴经济带	17	40.9	41.1
东南部特色经济区	20.3	30.3	49.4

资料来源：根据《贵州统计年鉴2016》计算。

贵阳城市经济圈第三产业占国民经济比例远远高于第一产业和第二产业，且第一产业占国民经济比例全省最低。黔北综合经济区和毕水兴经济带三产结构几乎一样，且区域内部第二、三产业占国民经济比例大致相当，均在40%左右。东南部特色经济区第一产业占国民经济比例全省最高，且第二产业占国民经济比例全省最低（见图7）。

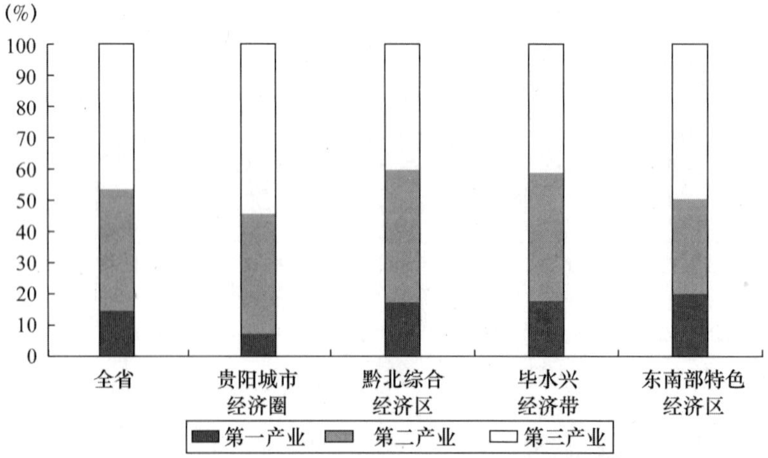

图7　2015年贵州“一圈一带两区”三产占比情况

（三）贵州协同发展面临的主要问题

1. 市场调控作用较弱，区域分工协作不明显

当前，贵州经济发展受行政手段影响较大，市场对资源调控能力不足，跨行政区要素分配工作效率仍较低，区域分工尚不明显，各经济区域的特色优势无法发挥，发展目标不明确，对于未来贵州区域经济发展阻碍很大。

2. 体制机制问题仍较为突出，发展仍面临诸多难题

中央财政转移支付额度偏少、基础设施和公益性项目地方配套压力过大等政策瓶颈并未根本解决，政策支持体系亟待进一步加强。部分地区产业园区空心化现象较为突出，地方政府债务负担较重。

3. 区域经济发展不平衡，沿交通轴线延伸特征明显

贵州是全国唯一没有平原支撑的省份，交通对贵州经济发展影响和限制作用明显，交通不便是制约贵州经济社会发展的一大瓶颈。贵州区域经济发展水平空间分异沿交通轴线延伸的特征明显，高速公路、铁路等主要交通轴线通过区域的经济发展水平比较高，而经济落后区域往往都缺乏重要的交通干线，交通闭塞。

4. 产业转型升级压力大，自我发展能力不足

工业化水平较低，工业以煤炭、化工、冶金、有色、建材等传统产业为主，缺少总量大、产业链长、附加值高、带动力强的主导产业集群，产业技术装备水平低、规模小，转型升级压力大。具有一定竞争优势的中药材、乡村旅游、精果林等特色产业链条短、产品附加值低，规模化生产和专业化经营有待加强。

5. 基础设施缺口较大，民生改善任务繁重

交通基础设施历史欠账较多，特别是县乡村道等级低、维护机制不健全。全省农村居民饮水安全问题仍未解决，工程性缺水严重。教育发展严重滞后，经费投入不足，劳动力素质较低。医疗卫生资源总量小、人均水平低，基层医疗卫生条件远不能满足新农村建设的需要。

6. 贫困面广量大程度深，脱贫任务极为艰巨

“十二五”期间贵州已累计减贫656万人，贫困发生率从2011年33.4%下降到14.3%，但剩下493万贫困人口全是长期贫、难脱贫的“硬骨头”。贵州少数民族众多，全省46个少数民族县（市）全部属全国集中连片特殊困难地区，少数民族贫困发生率16.73%，高于全省和全国平均水平。因病致贫、因灾返贫现象仍然存在。

7. 城镇化进程缓慢，辐射带动能力弱

2015年，全省常住人口城镇化率42%，比全国56.1%低14.1个百分点。城镇规模普遍偏小，缺乏大中城市带动。中心城市与其他城市在资源、信息、产业发展等各个方面没有很好的链接。县城及中心镇建设滞后，城镇综合经济实力弱，对农村人口的吸纳能力低。各类特色小城镇建设虽推进速度较快，但集聚效果尚不显著。

三、贵州融入长江经济带协同发展

以西部开发、东北振兴、中部崛起和东部率先“四大板块”基础上的区域经济政策，主要以地理位置并考虑行政区划对我国区域进行的划分，一定程度上割裂了区域之间的经济联系。2015年，十八届五中全会通过的《国民经济和社会发展第十三个五年规划纲要》中，提出以“一带一路”建设、京津冀协同发展、长江经济带发展为引领，形成沿海沿江沿线经济带为主的纵向横向经济轴带，塑造要素有序自由流动、主体功能约束有效、基本公共服务均等、资源环境可承载的区域协调发展新格局。

2013年，贵州正式纳入长江经济带（见图8）。2014年，贵州确立了融入长江经济带的发展目标：建成长江上游地区重要的陆路交通枢纽，建成长江经济带的能源、资源深加工基地和产业转移重要承接区，建成长江经济带内陆开放型经济示范区，建成长江经济带的生态文明建设先行区，探索长江上游内陆地区城镇化发展有效路径。2016年3月，中共中央政治局会议审议通过《长江经济带发展规划纲要》，指出要大力保护长江生态环境、加快构建综合立体交通走廊、创新驱动产业转型升级、积极推进新型城镇化、努力构建全方位开放新格局、创新区域协调发展体制机制等，是推动长江经济带发展重大国家战略的纲领性文件。2016年12月，国家推动长江经济带发展领导小组办公室会议暨省际协商合作机制第一次会议在北京召开，长江经济带各省签署了省际协商合作机制协议。

应该说，贵州入围长江经济带有着自身得天独厚的比较优势，一是贵州不仅是长江上游最重要的生态屏障，而且是我国长江流域矿产能源资源最丰富的省份；二是贵州是我国西南地区最重要的交通枢纽，特别在铁路运输和公路运输方面，是川渝南下和云南东进的必经之地；三是贵州是长江经济带最重要的水源涵养地和生态功能区，是我国著名的公园省。

借助长江经济带，贵州能够打破对外开放困局，更好地发展经济，实现与长江经济带各省协同发展。在实际区域合作过程中，贵州应更加注重以下几个方面。

（一）推动地区产业结构优化升级

目前贵州处于工业化初始阶段，而长江下游地区已处于工业化后期，上海、江浙一带第二产业产值比重远超第一产业（见图9）。因

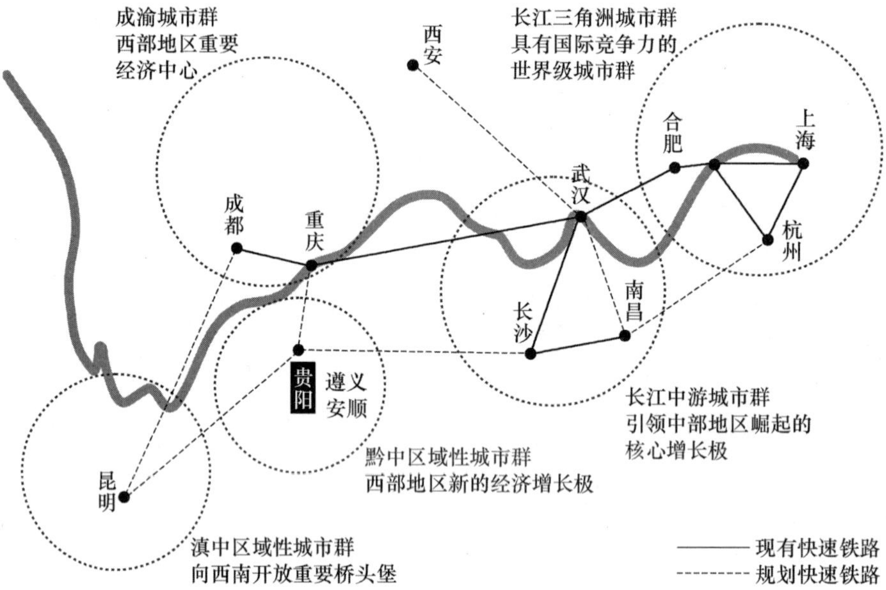

图 8　贵州在长江经济带中的战略地位

资料来源：《贵州省道路运输业“十三五”发展规划》。

此，贵州要利用互补优势，合理配置资源，优化地区产业结构，依托上海、武汉、重庆三大都市经济圈的发展，提升贵州工业基础，完善贵州能源开发，实现长江经济带各省资源优化组合，完成长江下游至长江中上游各省逐步推进的产业结构升级。

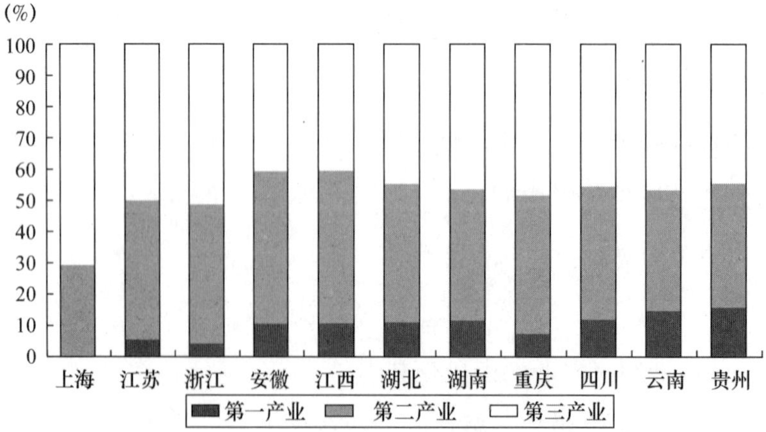

图 9　长江经济带 11 省产业结构比较

资料来源：根据 2016 年长江经济带各省《国民经济和社会发展统计公报》整理。

（二）加快省际交通基础设施建设

打破省际交通瓶颈，打造国家交通枢纽，依托长江经济带协同发展，加快推进省际互联互通交通网络建设，建设贵州出省、出海、出境通道。铁路建设方面，加快建成贵阳至昆明、重庆、成都、南宁等高铁，形成贵阳与周边省会城市2～3小时交通圈，构建通达全国的高铁网；公路建设方面，建成“6横7纵8联4环线”高速公路网络，形成外通内联、安全便捷的公路运输网络；水运方面，打通“北入长江、南下珠江”水运主通道，构建港口枢纽、船舶产业和便民水运体系；航空方面，构筑以龙洞堡国际机场为龙头的“一干十六支”机场运行格局。

（三）加强高新技术产业领域合作

目前，贵州正在加快发展以大数据为重点的电子信息产业和云服务中心以及电子信息、生物医药、资源环保、农业高新技术等产业，亟须引进大量专业人才和技术，而长江经济带中的上海、武汉、重庆正是我国重要的文化教育基地和工业技术中心。因此，贵州应积极发挥环境和资源禀赋优势，进一步加强高新技术省际区域合作交流，为贵州大数据、云服务等高新技术产业发展提供强劲动力，为长江经济带协同发展提供科技支持。

（四）促进文化旅游产业加快发展

旅游业是贵州经济社会发展最重要组成部分，贵州旅游资源丰富且是一个多民族省份，在长江经济带各省中具有明显的比较优势。近年来，“多彩贵州”的品牌在国内外影响力不断提升，贵州可以将民族特色作为其旅游业发展的内涵支持，进一步促进人文旅游与自然景观旅游协同发展。着力完善旅游快速交通网络，加快推进重点旅游区、旅游城市与高铁、高速公路、机场及交通枢纽的快速联络线建设。加强对民族地区旅游业发展整体规划设计，挖掘民族文化内涵，加快构建民族文化旅游和山地旅游特色产品体系。加快构建层次丰富、类型多样的山地旅游精品线路，串联带动精品景区、旅游城市和乡村旅游联动发展，形成覆盖全省、连通内外的全域化旅游格局。

四、促进贵州协同增长的举措建议

一是完善领导组织协调机制。建立专门的贵州协同发展协调领导机构，负责区域规划、资源开发、资源配置等事项，开展重大工程项目跨区域协同工作，不断缩小省内、省际区域发展差距。建立专业的政策咨询研究机制，借助各领域专家对具体问题进行咨询商讨，对贵州发展日常工作进行科学指导，更好地推动区域协同发展。完善协同发展规划，注重通过发展规划、配套政策和组合项目等方式，把全局性重大发展战略及明确的宏观要求寓含到协同发展的思路中。

二是健全协同发展体制机制。完善区域协同发展的领导、协调、合作机制，协调解决各种利益关系和重大问题，积极探索贵州省内、省际区域合作的途径和方式，开展多种形式的区域间经济协作和技术、人才合作。打破行政区划限制，引导生产要素在区域内和区域间自由流动、优化配置、合理集聚和有效整合，促进区域资源共享、生态共建、环境同治、产业互补。立足重点产业和特色产业建设，突出贵州经济发展特色，整合、分配资源，有效延伸产业链，提高区域经济的竞争力。

三是制定落实相关扶持政策。制定和完善促进协同发展的政策体系，综合应用财政、税收、金融、产业布局、土地供给等政策措施，兼顾效率与公平，鼓励发展特色经济，帮扶区域经济做大做强。实施分类管理的区域协同发展政策，实行各有侧重的绩效评价，落实区域功能定位，明确功能区布局。制定和实行优惠、灵活的政策措施，推动贵州经济开放发展，鼓励贵州在更大的范围内进行资源的合理有效配置，参与周边经济合作。

四是加强交通基础设施建设。坚持基础设施先行，进一步优化交通基础设施网络，加快道路运输业发展战略的调整和转变，充分运用道路运输自身的优势，调整运输服务结构和布局，促进道路运输业从传统、粗放、外延的发展模式，向现代、精细、内涵的发展模式转变，加快建成“智能交通云”平台，构建道路运输管理综合信息平台，推动支撑交通真正成为发展的先行官。

五是重点扶持少数民族地区。根据贵州少数民族自身发展优势，加快民族特色产业形成发展。加强少数民族地区和世居人口较少民族扶贫开发工作，加快实施民族地区重大工程，重点解决少数民族地区交通、教育、饮水等民生问题，优先安排少数民族贫困群众脱贫致富项目。加大对少数民族地区传统文化保护力度，普及先进劳作技术和概念知识，开拓少数民族地区视野。

六是落实人才优先发展战略。人才是支撑贵州经济发展的强大动力，继续落实人才优先发展战略，统筹推进各类人才队伍建设。采取引资引智引才相结合的方式，大力引进国内外具有行业领先水平的领军人才。建立国内外人才工作站、联络处和高层次人才服务中心等平台，积极开展国际项目交流合作，促进海外留学人才、科技项目与协同创新需求项目有效对接。着力营造吸引和留住人才的良好氛围，创造有事可干、有钱可赚、有景可看、有家可恋的人才工作环境。完善分配、激励、保障制度，建立健全与工作业绩紧密联系、充分体现人才价值、鼓励人才创新创造和维护人才合法权益的激励保障机制。

七是实施大数据战略引领行动。加快国家大数据（贵州）综合试验区建设，夯实大数据发展基础支撑，提升大数据产业发展和深度应用水平。加快大数据、云计算、物联网等新一代信息技术应用，推动数据资源的开放共享和开发利用，在政务、商事、公共事业及外包服务等重点领域开展大数据深度应用，以示范应用带动产业发展。继续促进移动大数据、云计算、物联网、互联网等新一代信息技术与现代制造业、生产性服务业融合创新，加快发展互联网经济，形成网络经济与实体经济协同发展格局。

执笔人：黄栋栋

参考文献

［1］李桢，肖闻．基于因子分析法的贵州经济发展评价研究．工业经济论坛．2016（4）

［2］贵州省人民政府，贵州省国民经济和社会发展第十三个五年规划纲要，2016

［3］贵州省民族宗教事务委员会，贵州省发展和改革委员会．贵州省“十三五”少数民族事业发展规划，2016

［4］贵州省交通运输厅，贵州省道路运输局．贵州省道路运输业“十三五”发展规划，2016

［5］洪名勇．改革开放以来贵州区域非均衡增长研究，贵州财经学院学报，2010（5）

案例研究三

东北地区协同增长面临的问题和对策

东北地区自新中国成立以来一直是我国重要的工业基地。党中央、国务院2004年提出振兴东北的重大战略决策，取得了积极成效。但近年来，面临内外部发展环境和条件变化，东北地区经济下行明显，面临较大发展压力。空间作为区域经济社会活动的载体，与区域发展关系密切，从区域发展空间关系演变特征的角度讨论东北地区协同增长问题，能够进一步深化我们对于东北经济问题的认识，有助于找到有效破解东北经济困境、推动东北地区更好发展的政策思路。

一、东北地区经济发展空间特征分析

（一）区域极化现象突出，但四大中心城市对区域发展支撑不强

沈阳、大连、长春、哈尔滨是东北地区四大区域中心城市，与其他省区进行横向比较，东北地区区域发展极化现象突出。2015年，沈阳和大连两市经济总量占辽宁地区生产总值的比重为52.3%，而其他四个具有双中心的省区——浙江、福建、山东、广东的前两大中心城市经济总量占本省地区生产总值的比重分别为42.1%、35.0%、

24.4%、48.9%。2015年，长春市经济总量占吉林省地区生产总值的39.3%，而与吉林省发展水平相近的湖北、陕西、湖南三省的中心城市经济比重分别为36.9%、32.2%、29.4%。2015年，哈尔滨市经济总量占黑龙江省地区生产总值比重为38.1%，而与黑龙江省发展水平相近的河南、四川、安徽、江西四省中心城市经济比重分别为19.8%、35.9%、25.7%、23.9%。总体来看，东北地区四大中心城市的经济集聚度非常高（图1）。

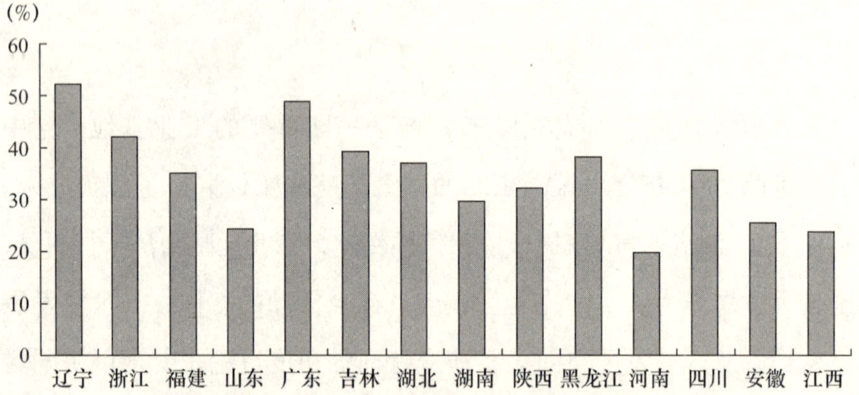

图1 2015年部分省份中心城市地区生产总值占全省比重

然而，进一步考察能够发现，近年来东北地区中心城市并未对区域经济发展形成有效带动作用。一是四大中心城市与区域增长呈现显著反向联系。1996～2004年，是东北经济增长困难较大的一段时期，沈阳、大连、长春、哈尔滨四大中心城市地区生产总值占东北三省经济总量比重从38.3%快速提高到48.7%；2005～2011年，是东北经济快速发展的一段时期，沈阳、大连、长春、哈尔滨四大中心城市地区生产总值占东北三省经济总量比重则从48.7%下降到44.8%；2012～2015年，东北经济增长重新陷入低迷，四大中心城市占区域经济比重又从44.8%回升至45.5%（图2）。二是四大中心城市对区域人口的吸纳能力显著弱于经济集聚度，中小城市居民难以通过区域内流动来分享中心城市的发展红利。1996～2004年，东北地区四大中心城市人口占东北地区人口总量的比重仅从26.7%提高到27.5%；2005～2015年，四大中心城市占区域人口比重更是仅从27.6%提高到27.8%，无论从绝对水平还是从增速来看，中心城市的人口集聚度都不如经济集聚度（图2）。

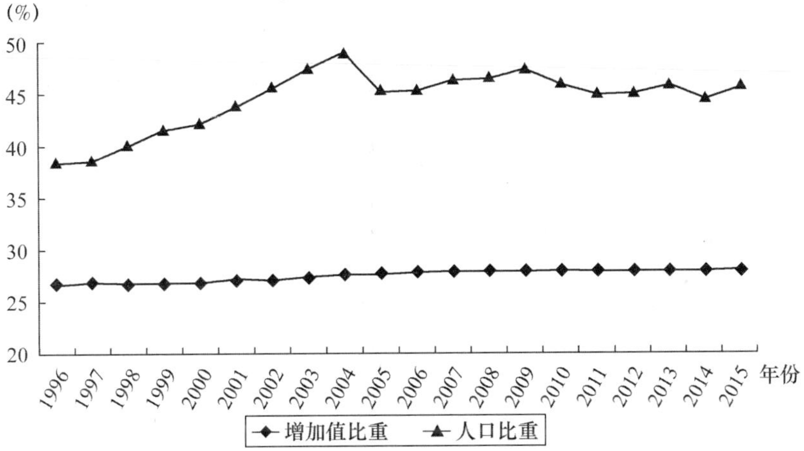

图2　东北四大中心城市经济总量和人口总量占东北三省比重

（二）区域发展出现一定分化，南部沿海地区和北部沿边地区发展差距加大

为进一步分析东北地区区域发展空间格局的变化情况，从经济水平、经济增长、经济结构三个方面构建地区经济发展的综合评价指标体系，其中，经济基础主要采用人均GDP等5个静态性指标，经济增长主要采用GDP增速等3个指标，经济结构主要采用第二产业产值比重等12个结构性和效益性指标。通过《中国城市统计年鉴》、各省统计年鉴和统计公报可以获得所需各项指标，经过无量纲标准化处理后采用因子分析法即可构建经济发展指数，对各行政区经济发展水平进行综合测度（表1）。

表1 区域经济发展水平综合评价指标体系

一级指标	二级指标	单 位
经济基础	人均 GDP	元
	人均固定资产投资	元
	人均地方财政收入	元
	人均社会消费品零售总额	元
	人均进出口总额	元
经济增长	GDP 增长速度	%
	第二产业增长速度	%
	第三产业增长速度	%
经济结构	第二产业产值比重	%
	第三产业产值比重	%
	人均第二产业产值	元
	人均第三产业产值	元
	万元 GDP 进出口总额	元/万元
	万元 GDP 固定资产投资	元/万元
	万元 GDP 地方财政收入	元/万元
	城镇居民家庭人均可支配收入	元
	农村居民家庭人均纯收入	元
	普通高等学校在校生数比总人口	人/万人
	普通高等学校教师数比总人口	人/万人
	专利授权量	件

如果以东北区域经济发展指数平均值的50%、100%、150%作为分界值，可将不同区域按照发展水平高低分为低水平、中低水平、中高水平和高水平4组。通过分析数据可以发现，2003年振兴东北战略实施以来，东北地区高水平城市数量基本保持不变，主要是沈阳、大连、长春、哈尔滨四大中心城市；进入中高水平的城市数量略有增加（4个增加至8个），但降低为低水平的城市数量则大幅增加（1个增加至8个）。通过测算地区经济发展指数的最大最小倍

差、标准差和变异系数，都能够发现区域经济发展整体差距在不断拉大的趋势（表2）。

表2　东北地区经济发展指数分布特征

年份	总值	最大值	最小值	平均值	标准差
2003	11.892	0.618	0.174	0.29	0.106
2008	14.191	0.822	0.134	0.346	0.147
2014	12.787	1	0.023	0.312	0.226

从空间分布来看，东北地区的经济发展以四大城市为中心，逐步形成了哈大工业走廊和辽宁沿海城市群。其中，哈（尔滨）大（连）轴线主要包括哈尔滨、长春、沈阳、大连、鞍山、营口、辽阳、铁岭、四平、松原等地，辽宁沿海城市群主要包括大连、营口、丹东、盘锦、锦州和葫芦岛等地。2003～2014年，哈大走廊的经济发展指数平均值从0.325上升至0.415，辽宁沿海城市的经济发展指数平均值从0.336上升至0.418。东北地区发展相对较差的区域主要集中在北部沿边地区，这一地区包括大兴安岭、黑河、伊春、鹤岗、佳木斯、双鸭山、鸡西等地，这些地区经济发展指数平均值从2003年的0.222下降至2014年的0.125，与辽宁南部沿海地区的发展差距不断扩大。

二、东北地区工业空间格局变化分析

（一）区域工业经济在全国占比整体下降，部分工业基地相对规模明显退化

东北地区长期以来都是我国重要的工业基地，讨论东北地区的生产力布局变化应以工业布局和结构的发展变化为重点，本节首先分析东北工业基地整体规模变化情况。通过对工业分行业产值进行空间累计分布

分析，可以发现工业分行业产值比重与城市个数符合幂函数分布，据此分布，可以在各年份将不同地区按工业产值规模大小划分为小型、中型、大型三类工业基地。分析数据可以发现，改革开放至今，我国工业的空间布局重心逐步向东部沿海地区移动，东北地区在全国工业体系中的地位大幅下降，第二产业增加值占全国的比重由1980年的17.0%持续下降至2015年的8.8%。具体到城市而言，沈阳、鞍山、大庆的工业基地规模由大型下降至中型，锦州、营口、抚顺、辽阳、本溪、丹东、吉林、牡丹江、齐齐哈尔等工业基地的规模由中型下降为小型。

（二）资源型工业和装备制造业两大支柱产业相对规模收缩式调整，区域布局分散化重构

根据国民经济行业分类，可以将两位数工业行业归并为资源型工业、装备制造业、轻工业三大类。东北地区资源型工业和装备制造业的比重显著超过轻工业，是区域经济发展的两大支柱产业，也是分析区域产业格局变化的主线。

从全国层面比较来看，1999～2011年，东北三省资源型工业总产值占全国资源型工业总产值比重从15.0%下降到9.4%，东北三省装备制造业总产值占全国比重从8.2%下降到7.7%，东北三省轻工业总产值占全国比重从5.3%上升至8.0%（图3）。整体来看，进入新世纪后，在全国工业结构不断“由轻向重”调整的大趋势下，东北地区的工业部门出现了与全国反向的“由重向轻”的结构调整，即资源型工业、装备制造业相对规模下降，轻工业相对规模上升。这种结构调整，一方面意味着东北地区的工业结构在逐步趋于均衡，但另一方面，也意味着东北工业基地的传统优势在不断丧失。

从东北三省内部来看，区域产业格局也出现明显变化。1999年，

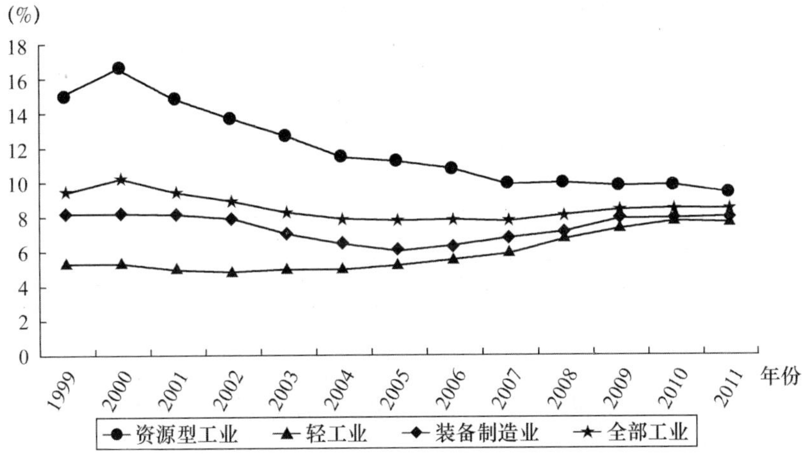

图3　东北三省不同类型工业产值占全国比重变化

辽宁省资源型工业、装备制造业、轻工业的产值占东北地区比重与辽宁省工业总产值占东北地区比重均较为接近，而吉林省的装备制造业、黑龙江省的资源型工业产值占东北三省比重则显著高于各自工业总产值占东北三省的比重。这说明在过去，相对而言，辽宁是东北三省当中工业结构相对均衡的区域，吉林省工业则主要依托于装备制造业，黑龙江省主要依托于资源型工业。此后，从1999年到2011年，辽宁、吉林省、黑龙江三省的资源型工业产值占区域比重分别变化了10.5个、3.2个、－13.7个百分点，三省装备制造业产值占区域比重分别变化了10.3个、－5.8个、－4.5个百分点（表3）。整体来看，东北地区的资源型工业、装备制造业这两大重工业的重心向东北南部沿海地区转移的趋势十分明显。经过这种产业空间重构后，辽宁工业结构重工业化程度特别是对资源型产业的依赖度进一步提升，吉林、黑龙江两省在工业结构趋于均衡的同时原有的工业产业优势也有所减弱。进一步计算三省全域范围内各工业行业的区位基尼系数，能够发现资源型产业、装备制造业的集聚程度有所下降，这意味着区域产业同构问题在工业格局变化的过程中也有所加剧。

表3　　东北三省不同类型工业产值占区域比重变化

（单位：%）	辽宁		吉林		黑龙江	
	1999年	2011年	1999年	2011年	1999年	2011年
资源型工业	52.4	62.9	13.8	17.0	33.8	20.1
轻工业	48.2	51.3	21.0	29.6	30.8	19.2
装备制造业	53.9	64.1	34.8	29.0	11.3	6.8
全部工业	52.1	59.5	20.8	24.1	27.2	16.4

三、东北地区创新资源与产业发展协同性分析

（一）创新资源不弱，但高度集聚，未与区域产业形成有效空间匹配

一些分析认为，近年来东北人才外流是造成区域经济增长困境的一个原因。客观而言，东北地区的人才外流在一定程度上存在。但同时也应注意的是，东北地区是我国高等教育资源比较富集、高考升学率较高的区域。因此，即便有人才外流的情况，东北三省的人力资本存量整体上在全国并不处于劣势。以就业人员中本科以上学历占比作为衡量指标，辽宁、吉林两省在2010~2014年期间的人力资本水平排名虽然有所下降，但仍处于全国中上游水平。从绝对增速来看，吉林、黑龙江两省高学历就业人员比重在2010年之后还有所上升（表4）。

表4　　2002~2014年东北三省就业人员人力资本变化情况

	就业人员大学本科以上学历占比（%）			占比排名		占比年均增速（%）	
	2002	2010	2014	2010	2014	2003~2010	2011~2014
辽宁	1.5	4.8	6.3	4	13	0.42	0.37
吉林	2.5	3.7	6.7	7	11	0.14	0.76
黑龙江	1.5	2.5	4.3	15	22	0.13	0.46

东北地区在增长动力方面面临的一个问题是，创新产出不能有效转化为产业成果，创新资源与区域产业发展的协同性不强。以2013年东北地区发明专利为例，东北地区的创新产出主要集中在四大中心城市及周边地区，这些地区是高校、科研院所、大型国企集聚的地区，这与区域重点产业的空间分布具有一定的偏离（表5）。

表5　东北地区制造业重点行业产业和创新聚集区分布对比

行业	高产值地区	创新集聚区
汽车制造	长春绿园区、朝阳区、南关区、二道区，沈阳大东区，大连金州区	长春朝阳区、绿园区，哈尔滨南岗区，大连西岗区
医药制造	通化东昌区和梅河口市，本溪溪湖区，大连金州区，哈尔滨道里区	沈阳沈河区，长春南关区和朝阳区，哈尔滨南岗区和香坊区
通用设备制造	大连瓦房店市、金州区、庄河市，沈阳铁西区、于洪区、新民市	大连甘井子区、西岗区、金州区，沈阳沈河区，哈尔滨南岗区
专用设备制造	大连金州区，沈阳铁西区，盘锦兴隆台区，抚顺望花区	哈尔滨南岗区，大连西岗区，沈阳沈河区，长春朝阳区

（二）制造业重点行业处于全球价值链中低端，竞争力不强

由于缺乏创新要素的有力支撑，东北地区的装备制造等重点行业的竞争力不高，长期在全球价值链当中处于不利地位，主导产业无法形成优势，从而制约了区域长期快速发展。根据Koopman、Gonzalez等建立的分析框架，可以对东北地区的机械制造业、电气电子及光学设备、交通运输设备制造业等重点行业的全球价值链分工地位进行测度和分析。在三类装备制造业领域，东北三省均表现出明显的比较劣势，部分产业的劣势还存在随时间不断恶化的趋向。这反映出东北三省在这些产业的发展过程中未能有效掌握产业链的核心技术和关键环节，长期集中于低附加值环节。这些产业虽然产能和产值规模很大，但却是“大而不强”，缺乏核心竞争力，在全球

价值链中处于相对不利的净价值流出地位。此外，从区域内部比较来看，三省的产业竞争力也并不均衡，这也从一个方面反映出三省产业发展规划的不协调。

四、促进东北地区协同发展的思路建议

（一）提升四大中心城市能级，增强中心城市对区域的辐射带动和综合服务功能

中心城市在区域协同发展中处于龙头和核心位置，增强东北地区的经济活力和区域竞争力，首先要推动四大区域中心城市功能优化升级，对四大中心城市在国家和东北地区未来发展中应发挥的功能作用进行准确定位，围绕新的功能定位加快推进中心城市建设和功能提升。其中，沈阳可考虑建设成东北亚重要经济中心、世界级先进装备制造业基地和国家生态宜居城市；大连可突出其航运优势，建设成为东北亚国际航运中心、国际物流中心、区域金融中心；长春可进一步发挥创新科教优势，建设国家创新城市、东北亚区域性中心城市；哈尔滨可进一步发挥沿边开放区位优势，建设对俄合作中心城市、东北亚开放发展区域枢纽。

在优化功能定位的基础上，加快提升四大中心城市的区域要素配置功能和综合服务功能，推动中心城市从过去的垄断式集聚向有机辐射扩散转变，促进中心城市与周边一体化发展。考虑到东北地区城镇和人口密度相对较低，可重点推动四大中心城市向都市圈发展，通过增强都市圈设施互通、产业协作、要素流动，使四大中心城市都市圈成为促进东北新一轮振兴的辐射中心。

（二）以培育辽中南、哈长两大城市群为带动，构建支撑区域发展的经济轴带，引导人口、资源要素和产业向经济轴带地区集聚

城市群是工业化时代区域协同发展的主要空间载体形式，东北地区城市群发育不良，不同城市间的分工协同程度不高，影响了区域发展的整体效率。未来，要依据区域现有发展基础，着力培育辽中南、哈长两大城市群，引导产业和各类要素向城市群集聚。

在辽中南城市群，要重点强化科技创新、技术研发、金融服务、自由贸易等功能，把城市群建设成为东北地区对外开放的重要门户、陆海一体交通走廊、全国先进装备和新型原材料制造基地、重要的科技创新与技术研发基地。辽中南城市群的发展要着力推动沈阳都市圈和辽宁沿海经济带融合发展，在基础设施建设、共建产业园区、对外开放等方面加强两大次区域之间的合作。

对于哈长城市群，要依托区域城镇产业布局、基础设施网络、区域资源综合承载能力，以哈尔滨、长春两个中心城市都市圈发展为重点，沿哈长、哈大齐、长吉图三个发展轴，构建哈大齐绥、吉林中部两大城镇组团，提升中小城市的节点功能，促进两大城镇组团的基础设施互通互联和产业分工协作。

（三）构建完善的区域协调合作机制和利益共享机制

东北地区实现区域协同发展，需要一套科学有效的制度安排为区域经济合作提供保障。完善区域协调合作机制，要从两个层面重点推进。一是在中央政府支持东北更好发展的区域政策制定和落实过程中的协调合作机制要进一步完善，要避免在争取国家的政策和资源扶持方面出现你争我夺的零和博弈局面，而要立足于本地区实际和东北地区发展全局来提出科学的规划建议和合理的发展诉求。二是，东北三省要推动三省之间的有效合作。三省虽然地域相邻、文化相近，但在资源要素禀赋、区域产业结构等方面依然有一定差异，要充分利用区域之间的互补性，建立有效的利益分享、利益补偿机制，以促进生产要素在区域内实现有序合理流动，推动区域内部的交易成本不断降低，最大化发挥好区域产业集聚和规模效应。

（四）提升创新资源与产业发展的协同性，促进产业链向中高端发展

东北地区要从根本上打造增长新动能，提升区域持续发展的长久动力，重点还是要加快构建创新驱动发展的新模式。一是提高创新资源对区域经济的支撑贡献，重点扶持装备制造、新能源新材料、生物医药、光电信息等具有优势的高新技术产业，推动区域产业技术升级、结构优化。二是要完善人才培养体系和激励机制，在充分利用东北地区高校资源的基础上，进一步提高区域劳动力的整体素质，优化科技人才在产业上的配置。三是加快构建区域协同创新共同体，充分利用核心城市的区域创新中心功能和知识信息“溢出效应”，不断提升区域整体的创新能力和绩效。四是要进一步推动支柱产业和重点企业快速发展，以技术创新为核心，加快全行业的创新能力建设，通过掌握核心技术，构建优良品牌和提升生产流程效率，实现全球分工地位提升和产业链高端延伸发展。

执笔人：贾　珅